Charles Bukowski

Kamikaze-Träume

Gedichte

Deutsch von Carl Weissner

Deutscher Taschenbuch Verlag

Ungekürzte Ausgabe
April 1998
Deutscher Taschenbuch Verlag GmbH & Co. KG,
München
© 1960, 1962, 1963, 1965, 1968, 1988, 1990 Charles Bukowski
Titel der amerikanischen Originalausgaben:
›The Roominghouse Madrigals. Early Selected Poems 1946–1966‹
(Black Sparrow Press, Santa Rosa 1988)
›Septuagenarian Stew. Stories and Poems‹ (Auswahl)
(Black Sparrow Press, Santa Rosa 1990)
© 1994 der deutschsprachigen Ausgabe:
Verlag Kiepenheuer & Witsch, Köln
Umschlagkonzept: Balk & Brumshagen
Umschlagbild: ›White Lightning‹ (1973) von Tom Blackwell
(Gallery Camino Real, Boca Raton / Florida)
Satz: KCS GmbH, Buchholz/Hamburg
Gesetzt aus der Gill sans 10/11,75ʿ (QuarkXPress)
Druck und Bindung: C. H. Beck'sche Buchdruckerei,
Nördlingen
Gedruckt auf säurefreiem, chlorfrei gebleichtem Papier
Printed in Germany · ISBN 3-423-12510-1

INHALT

I

22 000 Dollar in drei Monaten 11
Vor einem alten Bild vom Bürgerkrieg 14
Gedicht für meinen dreiundvierzigsten Geburtstag 16
Morgens halb fünf 17
In einer Nacht ohne Schlaf 19
Liebe ist eine Handvoll Konfetti 20
Über meinen arg gebeutelten Freund Peter 21
Ausbruch 25
Bloß keine Tränen 27
Der Tag, als ich mir ein Vermögen verscherzte 28
Verblödete Nacht 31
Das literarische Leben 33
Zehn Löwen und das Ende der Welt 36
Fleg 37
Interviewt von einem Guggenheim-Stipendiaten 41
Etwas mit einer Oper 44
Brief aus dem Norden 46
Das Ende 48
Übung 49
Die Bestie 53
Ramsey 55
Krankmeldung wegen Kater 57
35 Sekunden 59
Gutgemeinter Rat für allerhand junge Männer 61
Alles 62
American Express, Athen 64
Topplastige 90 Kilo Lehm 67
Ein anständiges Haus 69
Schlaflosigkeit 71
Gesicht beim Rasieren 72

Sie lassen dir keine Ruhe   73
Erfahrung   75
Vorsicht Glas   77
Thermometer   80
Ein Opfer von Schmetterlingen   82

II

Straßenbahn   87
Krebs   97
Seltsame Vögel   101
Der beste Freund   102
Fletcher und das Luder   105
Der große Schlamper   109
Klare Abgrenzung   110
Viertelmeilenrennen, Hollywood Park   112
Was Wunder, wenn alles klickt   115
Die Guillotine   117
Man kennt das   120
Der vielleicht nicht   122
Zuviel   125
Die Hölle ist ein einsamer Ort   128
Abweichler   131
Howie   134
Bis zum letzten Atemzug   136
Seltsam starke Käuze   138
Bis zum bitteren Ende   141
Die Leiter rauf   142
Gesellschaft   145
Die gute alte Maschine   146
Red   149
Tage und Nächte   151
Der letzte Mensch   156
Unsterblicher Schluckspecht   159

Der Pfleger   161
Die Schwestern   163
Letzter Drink   165

I

22 000 DOLLAR IN DREI MONATEN

Der Abend ist gekommen wie etwas, das am
Geländer hochkriecht und Flammen züngelt
und ich denke an die Missionare, bis zu den
Knien im Schlamm, beim Rückzug über
den herrlich blauen Fluß, an die MG-Garben
die Fontänen aus dem Wasser peitschten,
an Jones, betrunken am Ufer, und wie er sagte:
Scheiße, diese Indios, woher haben die
soviel Feuerkraft?
Ich ging rein zu Marie, und sie
sagte: Meinst du, sie greifen an?
Meinst du, sie kommen über den Fluß?
Angst vor dem Sterben? fragte ich
und sie sagte: Wer hat die nicht?
Ich stellte mich vor die Hausapotheke
goß mir ein großes Glas voll und sagte:
Wir haben für Jones drei Monate Straßen
gebaut und 22 000 Dollar verdient –
wenn man so schnell zu was kommen will
muß man auch ein bißchen sterben.
Was meinst du, fragte sie, stecken
die Kommunisten dahinter? Meinst du
es sind die Kommunisten? Und ich sagte:
Führ dich nicht auf wie 'ne neurotische
Zicke. Kleine Länder wie das hier
die kommen hoch, weil sie die Taschen
von beiden Seiten gefüllt kriegen …
Sie machte ihr hinreißend doofes Schulmädchen-
gesicht und ging raus. Es wurde schon Nacht
aber ich ließ sie gehen. Wenn man eine Frau
halten will, muß man wissen, wann man sie
gehenlassen muß; und wenn man sie nicht

halten will, läßt man sie sowieso gehen.
So oder so, es ist immer eine Frage von
Gehenlassen. Und so saß ich da, trank das Zeug
runter, machte mir noch einen Drink und
dachte: Wer hätte gedacht, daß dich
ein Kurs in Maschinenbau an der Old Miss
mal dahin bringt, wo die Lampen sachte
schaukeln im Grün einer fernen Nacht?
Und Jones kam rein, den Arm um ihre
blaue Hüfte, sie hatte jetzt auch getrunken
und ich ging zu ihnen hin und sagte: Mann und Frau?
Das ärgerte sie, denn wenn eine Frau
dich nicht an den Eiern zu packen kriegt
und sie dir quetschen kann, hat sie verloren;
und ich goß mir noch ein großes Glas voll
und sagte: Ihr zwei seid euch vielleicht
nicht drüber im klaren, aber wir kommen
hier nicht mehr lebend raus.

Wir tranken den Rest der Nacht durch.
Wenn man ganz still war, konnte man das
Wasser hören, das von den Götterbäumen tropfte
und über die Straßen, die wir gebaut hatten
konnte man Tiere laufen hören
und die Indios, mörderische Narren, die ein
mörderisches Kreuz zu tragen hatten.
Dann schließlich der letzte Blick in den Spiegel
während das betrunkene Paar sich in den Armen lag
und ich ging raus, nahm ein Büschel Stroh
vom Dach der Hütte, knipste das Feuerzeug an
sah die Flammen wie hungrige Mäuse
an den dünnen braunen Halmen hochkriechen,
sehr langsam, aber real, und dann nicht mehr
real, eher opernhaft, und dann ging ich
hinunter, auf die ratternden MGs zu, der Fluß

noch ganz derselbe, der Mond schaute zu mir
herüber, und auf dem Pfad sah ich eine
kleine Schlange, nur eine kleine, sah aus
wie eine Klapperschlange, aber das konnte
nicht sein; mein Anblick erschreckte sie
ich packte sie hinter dem Kopf, bevor sie sich
zusammenringeln konnte, und hielt sie fest
der kleine Schlangenleib ringelte sich
um mein Handgelenk wie ein
Finger der Liebe, und die Bäume hatten Augen
und sahen her, und ich drückte meinen Mund
auf das Schlangenmaul, und Liebe
war ein Blitz, eine Erinnerung
tote Kommunisten, tote Faschisten, tote
Demokraten, tote Götter, und in der
abgebrannten Hütte hatte Jones
seinen toten schwarzen Arm
um ihre tote blaue Hüfte.

VOR EINEM ALTEN BILD VOM BÜRGERKRIEG

I

Der Kanonier ist tot
und die Soldaten auch;

der affige Junge mit der Trommel
dumpfer als die Gräber
liegt in einem Netz aus Blut;

und unter Blättern lassen Käfer ihre
Fühler kreisen und überlegen, wohin
unter dem kühlen Schirm der Verwesung;

der Wind perlt herunter wie schmale Rinnsale
und sucht unter Kleidern
tastend und traurig …

Kleider, von schweren Knochen verankert
im Schlaf zur Mittagszeit, als wären Männer
von Leitern gestiegen und machten Pause;

vor einer Stunde noch
Schatten vom Baum und Mann
klar umrissen vor der Sonne

doch jetzt – nicht einer unter ihnen
der sagen könnte, was sie losmarschieren ließ,
bergab, dem Nichts entgegen;

und ich bin in Gedanken bei einer
Frau in weiter Ferne, die wichtige Gläser
mit Eingemachtem zurechtrückt auf einem
Wandbord und eine trockene
sonnige Melodie summt.

II

Draußen treibt der jähe Sturm die Nacht
langsam zurück und weht sie
taumelnd an alte Gestade
und überall liegen Gebeine … Gerippe und Licht
und Gras, das sich nach links biegt;
unter nassen Schauern ziehen wir die
Köpfe ein, als wären wir lebendig
und die, die bei mir ist
nimmt meine Sehnsucht und steckt sie
wie eine Packung Zigaretten in ihre
Handtasche zu ihren Puderdosen und
Flakons, zieht sich den einen Strumpf hoch,
quasselt, betastet ihre Frisur: *Es regnet!*
Ach verdammt es regnet! Und auf dem
Schlachtfeld sind die Steine naß und kalt
die feine Maserung glimmt wie Feuer auf
dem Mond, und sie flucht unter ihrem kleinen
grünen Hut, den sie wie eine Krone trägt
und geht wie eine ungelenke Marionette
in den Bindfadenregen.

GEDICHT FÜR MEINEN DREIUNDVIERZIGSTEN GEBURTSTAG

So zu enden, allein
in einer Gruft von Zimmer
ohne Zigaretten
und Wein –
eine einsame Glühbirne
ein Bierbauch
graue Haare
und froh, das Zimmer
zu haben.

Am Morgen sind sie
draußen auf den Beinen
und schaffen Geld an:
Richter, Tischler,
Klempner, Ärzte,
Zeitungsjungen, Polizisten
Friseure, Autowäscher
Zahnärzte, Floristen
Kellnerinnen, Köche
Taxifahrer …

und du drehst dich
auf die linke Seite
um die Sonne auf
den Rücken und
aus den Augen
zu kriegen.

MORGENS HALB FÜNF

Über die Felder
knattern rote Vögel
es ist morgens
halb fünf
es ist immer
morgens halb fünf
und ich höre
meine Freunde
die Müllmänner
und die Diebe
und Katzen träumen
von roten Vögeln
und rote Vögel
von Würmern
und Würmer träumen
an den Gebeinen
meiner ersten Liebe
und ich kann nicht schlafen;
bald wird es Tag und
die Malocher werden aufstehn
unten am Hafen werden sie
vergeblich nach mir
suchen und sagen
»er hat wieder'n Rausch«
aber ich werde endlich
eingeschlafen sein
zwischen Flaschen
und Sonnenlicht
alle Finsternis vorüber
meine Arme ausgebreitet
wie fürs Kreuz
die roten Vögel

fliegen
fliegen
Rosen öffnen sich im Qualm
und auf meinem Idiotengesicht
wie ein heilender Messerstich
wie die ersten vierzig
Seiten eines schlechten Romans –
ein Lächeln.

IN EINER NACHT OHNE SCHLAF

Am Meer am Strand im Dunkeln saß jemand
in einem Auto an diesem Ufer da und
trommelte als wär es Afrika und die Cops
ritten auf dem Trottoir vorbei und ich
ging runter ans Meer das mich enttäuschte
und sah zwei blaue Lichter und ein
Schiff auf dem Wasser und ein Mann
in einem weißen Hemd kam an und hockte
sich an den Strand stand wieder auf und
ging am Wasser lang und ein zweiter Mann
kam und ging ihm nach sie gingen beide
am Wasser lang einer zwölf Schritte hinter
dem anderen und ich sah ihnen nach
bis sie verschwanden dann stand ich
auf und ging durch den Sand zurück
auf den Zement und durch den Eingang
einer Bar sah ich einen Neger singen
sein Gesicht war angestrahlt er schluchzte
einen seltsamen Song und die Töne
eierten durch die Luft und alles war
leer und trocken und leicht und ich
stieg in meinen Wagen und fuhr in die
heiße Stadt zurück aber ich wußte
es war ein unbezahlbares Erlebnis
das ich nie vergessen würde – wie die Nacht
von nichts gestört auf allem lag und
die Leute darauf gingen als wärs ein
weicher Teppich und ein kleines Schiff
sich tapfer schlingernd durch die
Dünung kämpfte und die bunten
Lichter der Mole wie ein lädiertes
Hirn das sich auskotzt ins Meer.

LIEBE IST EINE HANDVOLL KONFETTI

Das ganze Bier war vergiftet, der Käpt'n
ging nach unten, der Maat und der Koch
und wir hatten niemand zum Segelreffen
und der Nordwest schlitzte durch die
Tücher wie Zehennägel und wir
schlingerten wie verrückt
der Rumpf verzog sich knirschend
und in der Ecke hatte irgendein Ganove
die ganze Zeit eine besoffene Schlampe
(meine Frau) unter sich und
pumpte drauf los als wär nichts
und die Schiffskatze sah mich
dauernd an und kroch in der Kombüse
zwischen den scheppernden Tellern rum
die mit Blumen und Ranken bemalt waren
bis ich es nicht mehr aushielt
und ich griff mir das Vieh
und hievte es
über Bord.

ÜBER MEINEN ARG GEBEUTELTEN FREUND PETER

Er wohnt in einem Haus mit Swimmingpool
und sagt, der Job bringt ihn um.
Er ist 27. Ich bin 44. Und werde
ihn einfach nicht los.
Sein Romanmanuskript wird
dauernd abgelehnt. »Was
erwartest du denn von mir?« schreit er.
»Soll ich nach New York und den
Verlegern die Hand schütteln?«
»Nein«, sag ich, »aber kündige
deinen Job, setz dich
in ein kleines Zimmer
und schreib.«
»Aber ich brauche Zuspruch! Ich
brauch was, an das ich mich
halten kann – irgendein Wort,
ein Zeichen!«
»Es gab Männer, die nicht so
dachten: Van Gogh, Wagner –«
»Ach hör auf! Van Gogh hatte
einen Bruder, der hat ihm
Farbe geschickt, so oft er
welche brauchte!«

»Schau«, sagt er, »ich war heut bei
dieser Ische in der Wohnung, und ein
Kerl kommt rein, ein Vertreter, du weißt ja
wie die reden. Fuhr in seinem neuen
Wagen vor. Quatschte von seinem Urlaub –
in Frisco gewesen, *Fidelio* gesehn, aber
er weiß nicht mehr, wie der Komponist
heißt. Der Kerl ist vierundfünfzig.

Sag ich zu ihm: ›*Fidelio* ist Beethovens
einzige Oper.‹ Und dann sag ich ihm
ins Gesicht: ›Du bist ein Depp!‹
›Wie meinst'n das?‹ fragt er.
›Ich meine, du bist ein Depp, weil du
vierundfünfzig bist und von nichts
ne Ahnung hast!‹«

»Und was war
dann?«
»Dann ging ich.«
»Und hast ihn mit ihr
alleingelassen?«
»Ja.«

»Ich kann meinen Job nicht kündigen«,
sagt er. »Ich hab immer Schwierigkeiten
einen zu kriegen. Ich geh rein, sie
sehn mich an, hören mich reden
und denken sofort: Aha! Der ist zu
intelligent für diesen Job, der
bleibt nicht, drum hat es keinen Sinn
ihn einzustellen.
Du dagegen, wenn du irgendwo reinkommst
gibts gar kein Problem, du siehst aus wie
ein alter Weinsäufer, du siehst aus
wie einer, der einen Job nötig hat;
sie sehn dich an und denken: Aha!
Das ist mal einer, der wirklich
Arbeit braucht! Wenn wir den einstellen
bleibt er uns lange erhalten
und schuftet sich *krumm!*«
»Wissen diese Leute eigentlich«, fragt er
»daß du Schriftsteller bist und
Gedichte schreibst?«

22

»Nein.«

»Du sprichst nie darüber, nicht mal
mit mir! Hätt ich nicht in dieser
Zeitschrift was von dir gesehn,
ich wüßte es heute noch nicht.«

»Ganz recht.«

»Trotzdem, ich würde den Leuten
gern sagen, daß du Schriftsteller bist.«

»Tu's nicht.«

»Ich möchts aber gern.«

»Warum?«

»Na, sie reden über dich. Sie denken
du bist bloß ein Pferdenarr und Säufer.«

»Bin ich ja auch.«

»Na, sie reden aber über dich. Du hast
ne komische Art, du bist ein Einzel-
gänger. Ich bin der einzige Freund
den du hast.«

»Ja.«

»Sie machen dich schlecht. Ich möchte
dich verteidigen. Ich möchte ihnen sagen
daß du Gedichte schreibst.«

»Laß es bleiben. Ich arbeite hier
nicht anders als die auch. Wir
sind alle gleich.«

»Na, dann möcht ich es für *mich* tun.
Ich will, daß sie wissen, warum ich
mit dir rumziehe. Ich spreche
sieben Sprachen, ich
kenne mich aus in Musik – «

»Vergiß es.«

»Na gut, ich respektiere deine
Wünsche. Aber mal was
anderes – «

»Was denn?«

23

»Ich überlege grade, ob ich mir
ein Klavier kaufen soll. Aber ich
hätte auch gern eine Geige, und
ich kann mich nicht entscheiden!«
»Kauf ein Klavier.«
»Meinst du?«
»Ja.«

Er geht und denkt
darüber nach.

Ich hab mir auch etwas
dabei gedacht: Ich sage mir
mit seiner Geige könnte er
immer noch herkommen und
noch mehr traurige
Musik machen.

AUSBRUCH

Im Flur geht der Vermieter auf und ab
er hustet, läßt mich wissen
daß er da ist
und ich muß meine Flaschen schmuggeln
kann nicht mehr aufs Klo
das Licht geht nicht
Löcher in den Wänden nach Rohrbrüchen
Wasserspülung kaputt
und der kleine Flachwichser
geht da draußen auf und ab
hüstelt und hustet
auf und ab marschiert er
auf seinem abgewetzten Teppichläufer
ich kanns nicht mehr ertragen
ich breche aus
erwische ihn, wie er
grade vorbeikommt –
»Was'n los, verdammt!« schreit er
doch es ist schon zu spät und
meine Faust mahlt ihm den Knochen
es geht ganz schnell, er
fällt, verkümmert und naß
ich hole meinen Koffer
geh die Treppe runter
und seine Frau steht an der Tür
sie steht *immer* an der Tür
die beiden haben nichts zu tun
als an der Tür zu stehn und
auf und ab zu gehn
»'n Morgen, Mr. Bukowski«
ein Gesicht wie ein
Maulwurf, der um meinen

Tod betet, »was –«
ich stoße sie weg, sie fällt
die Stufen der Veranda runter
in eine Hecke rein, ich hör
die Zweige knacken und
sehe sie, halb aufgespießt da drin
wie eine blinde Kuh
und dann geh ich die Straße lang
mit meinem Koffer, die Sonne
tut gut, und ich denke bereits
an die nächste Pension, wo ich mich
einquartieren werde, und hoffe
daß ich dort auf einen
anständigen Menschen stoße
der besser zu mir sein kann.

BLOSS KEINE TRÄNEN

Ein paar hundert Dumme standen
um die Gans mit dem gebrochenen Bein
herum und überlegten, was zu tun sei
da kam der Parkwächter
zog seine Knarre
und der Fall war erledigt
aber nicht für eine Frau
die aus einer Hütte rannte
und behauptete, er hätte
ihr Haustier erschossen;
doch der Mann rieb sein Leder-
halfter und sagte: Sie können
mich mal. Melden Sie's doch
dem Präsidenten.

Die Frau flennte.
Und ich kann Tränen
nicht ausstehen.

Ich klappte meine Staffelei zusammen
und ging ein Stück die Straße runter:
Die Typen hatten mir
meine Landschaft ruiniert.

DER TAG, ALS ICH MIR
EIN VERMÖGEN VERSCHERZTE

Und, sagte ich, du kannst deine
reichen Onkel und Tanten nehmen
und Großväter und Väter
und all ihr lausiges Öl
und ihre sieben Teiche
und ihre Auerhähne
und Büffel
und den ganzen Staat Texas
und euer Geballer auf Krähen
und eure Spaziergänge am Samstagabend
und eure piefige Bücherei
eure bestechlichen Stadtverordneten
und eure schwulen Künstler –
kannst du alles behalten
und euer Wochenblatt
eure berühmten Tornados
und verstunkenen Überschwemmungen
und greinende Katzen
und dein Abonnement für TIME
und dir alles hinten
reinschieben, Baby.
Ich kann wieder mit Spitzhacke und
Axt arbeiten (glaub's jedenfalls)
und ich kann fünfundzwanzig Lappen
für einen Vier-Runden-Kampf
mitnehmen (vielleicht);
klar bin ich achtunddreißig, aber
ein bißchen Tönung läßt das Grau
aus meinem Haar verschwinden.
Und ich kann immer noch ein Gedicht
schreiben (manchmal), vergiß *das* nicht
und selbst wenn es sich nicht

bezahlt macht, es ist besser
als auf den Tod oder eine
Ölquelle zu warten und
Auerhähne zu schießen
und drauf zu warten, daß
die Welt beginnt.

Jetzt reichts, du Penner,
sagte sie.
Verschwinde!

Was? sagte ich.

Raus hier. Das ist dein letzter
Wutausbruch gewesen. Ich hab deine
verdammten Wutausbrüche satt.
Du führst dich dauernd auf
wie ne Figur in einem Stück
von O'Neill.

Aber ich bin anders, Baby –
ich kann nichts dafür.

O ja, du bist anders!
Gott nee, und wie!
Knall die Tür nicht zu
wenn du gehst.

Aber Baby, ich *liebe*
dein Geld.

Du hast kein einziges Mal
gesagt, daß du mich liebst.

Was willst du denn –
einen Lügner oder einen
Liebhaber?

29

Du bist weder noch! Raus,
du Penner, raus!

Aber Baby ...

Geh zurück zu O'Neill!

Ich machte die Tür
leise hinter mir zu
und ging.
Alles, was sie wollen, dachte ich
ist ein holzgeschnitzter Indianer
der ja und nein sagt und
auf dem Kaminsims steht
und nicht zuviel Ärger macht;
aber du, mein Junge
kommst langsam in die
Jahre, also laß dir
nächstes Mal
nicht so einfach
in die Karten sehen.

VERBLÖDETE NACHT

Verblödete Nacht
Korkenzieher wie eine
schwarze Gitarre, der Tag
war ein Graus, die Hölle
und jetzt kriechst du
aus sämtlichen Abflußrohren
und erleichterst deine Blase
bis alles schwimmt;
ich habe neun Flaschen Bier und
einen halben Liter Wodka intus
achtzehn Zigaretten geraucht
und immer noch hockst du auf mir
du läßt die Toten auf den Balkon
meines Gehirns marschieren
ich sehe rasierte Augenbrauen
Lippen, Slipper; meine Verflossene
in einem alten Morgenmantel
flucht und greift nach mir; die
Armee der Südstaaten flüchtet; Hitler
macht einen Handstandüberschlag …
dann rettet mich das brünstige
Greinen der Katzen und bringt
mich wieder auf den Teppich …
noch ein Glas, noch ein Glimmstengel
und in der Schublade ein Foto von
einem Tag am Strand, 1955 –
Gott war ich damals jung,
jedenfalls jünger; aus dem Fenster
sehe ich zwei Lichter, die Stadt
leblos bis auf Diebe und Hausmeister
ich selbst bin fast schon tot, so viel
ist weg; ich hebe die Flasche

mitten im Zimmer, und du
bist überall, schwarze
verblödete Nacht
du bist unter meinen Fingernägeln
in meinen Ohren, meinem Mund;
hier stehen wir, du und ich,
ein Riese und ein Zwerg, die
Unordnung sperrt uns zusammen;
in den ersten Sonnenstrahlen
wenn man die Spinnen bei der
Arbeit sieht und Raupen auf
rasierklingendünnen Fäden kriechen
wirst du mich gehen lassen
doch jetzt kriechst du ins
Grabmal meiner Flasche
zwinkerst mir zu, posierst;
die Tapete ist schwach von Rosen
die Spinnen träumen von
Fliegen voll Gold, und ich
geh wieder durchs Zimmer
steck mir noch eine Zigarette an
und habe das Gefühl, ich
müßte eigentlich wahnsinnig
werden. Wenn ich
nur wüßte
wie.

DAS LITERARISCHE LEBEN

Ein langes Messer liegt da, seelen-
ruhig; erinnert irgendwie an einen
Kosakensäbel …
    Und C. schreibt, daß Ferlinghetti
ein Gedicht über Castro geschrieben
hat; na ja, die Jungs schreiben jetzt alle
Gedichte über Castro, nur ist Castro nicht
so gut oder so schlecht, nichts als ein
kleines Pferd in einem großen Rennen.
    Ich sehe das Messer auf dem Herd und
lege es auf das Schneidebrett …
    Nach einer Weile ist es Zeit, sich um-
zusehen, den Lärm der Maschinen zu hören
und sich zu fragen, ob es regnet; nach einer
Weile hilft auch Schreiben nicht mehr,
Trinken nicht, nicht einmal eine gute
Nummer im Bett.
    Ich sehe das Messer auf dem Schneidebrett
und lege es in die Küchenspüle …
    Diese Tapete, wieviele Jahre war sie
schon da, als ich hier einzog? Diese
Zigarette, die ich halte, ist wie
das Ding an sich, wie ein Esel, der sich
bergauf müht. Jemand hat meinen Kerzenhalter
samt Kerze mitgenommen – eine Rothaarige
mit weißem Gesicht, die neben dem Wandschrank
stand und sagte: »Kann ich das haben? Wirk-
lich? Ich kann es haben?«
    Die Messerklinge ist nicht so scharf
wie sie sein sollte; aber die Spitze,
die Spitze fasziniert mich – wie sie die
so schleifen: Symmetrie, wahre Kunst. Ich

nehme das Brotmesser in die Hand und
gehe ins Eßzimmer …

Larsen sagt, wir dürfen uns nicht so
ernst nehmen. Herrgott, das sag ich ihm
doch schon seit acht Jahren!

Im Flur hängt ein mannshoher Spiegel.
Ich sehe mich darin und seh mich endlich
an. Seit 175 Tagen hat es nicht mehr
geregnet. Eine Stille wie ein schlafender
Pfau. Ein Freund von mir spielt immer
Billard gegenüber von der Universität
wo er unterrichtet, und wenn er es leid ist
packt er eine Kaliber .357 Magnum aus
ballert große Steine entzwei BLAM! BLAM!
BLAM! und überlegt, welches Wort genau an
diese Stelle paßt. Vor dem Spiegel schneide
ich jähe Kreise in die Luft, trenne Licht
von Licht, ich bin hypnotisiert, verlegen,
durcheinander, meine Nase ist rosa, meine
Wangen sind rosa, meine Kehle ist weiß.
Das Telefon klingelt. Es hört sich an wie
eine einstürzende Mauer. Ich melde mich:
»Nichts, nein, ich tu gar nichts im Moment …«

Es ist ein langweiliges Gespräch, aber
es ist bald vorbei. Ich geh ans Fenster,
mach es auf, die Autos fahren vorüber,
ein Vogel auf einem Draht dreht sich und
schaut zu mir her, ich stelle mir vor
wie es in dreihundert Jahren sein wird
wenn ich schon so lange tot bin und
Leben eine ganz merkwürdige Vorstellung
ist … wie ein Lichtstrahl, der in eine
geborstene Gruft fällt.

Der Vogel fliegt weg. Ich gehe zur
Schreibmaschine und setze mich davor:

Lieber Willie,
Habe deinen Brief erhalten. Alles
bestens hier ...

ZEHN LÖWEN UND DAS ENDE DER WELT

In einer bekannten
großen Illustrierten
(ja, sowas lese ich)
sah ich ein Foto von Löwen
die in irgendeinem Dorf
über die Straße gehen
und sich Zeit lassen.
So sollte es sein
und eines Tages, wenn
das Licht ausgeht und
alles zu Ende ist
werde ich hier sitzen
im kalkgrauen Rauch
und an diese zehn
(ja, ich habe sie gezählt)
verdammten Löwen denken
die den Verkehr blockierten
während die Rosen blühten.
Das sollten wir heute
alle tun –
noch
ist
Z
e
i
t

FLEG

Jetzt was von Borodin
4.18 Uhr, Zweite Sinfonie
die Gasheizung ist an
aber die Massen
schlafen noch
bis auf den Bastard
da unten
der die ganze Nacht
Licht hat, er gähnt
die ganze Nacht und
pennt den ganzen Tag
er ist entweder ein Irrer
oder ein Poet, und er
hat eine häßliche Frau
keiner von beiden tut was
und wir begegnen einander
auf der Treppe (die Frau
und ich) wenn wir runtergehn
und unsere Flaschen raus-
tragen, und ich sehe seinen
Namen am Briefkasten: *Fleg.*
Ach Gott. Kein Wunder. Ein
Fleg schläft nie. Etwas
Fischiges, das auf ein
Zeichen vom Himmel wartet
aber ganz nett, das darf ich
nicht vergessen, wenn hier
oben die betrunkenen Weiber
zetern oder Sachen schmeißen –
Fleg ignoriert es, gähnt, na
wunderbar. Es gab hier mal
einen Anderson, *Chester Anderson*

der stand mir dauernd vor der
Tür in Hose und Unterhemd
mit roten Augen wie eine Frau
die einem Liebhaber nachweint
der Hausverwalter hinter ihm
(und eines Nachts mal zwei
Bullen) – »Gott, ich kann nicht
schlafen, ich hab zu arbeiten,
ich brauch meinen Schlaf,
Herrgott, ich komm nie zum
Schlafen!«

Fleg? *Schlafen?* Ich hab ihn noch
nicht einmal *gesehen*. Ich glaube
nicht, daß er sich überhaupt mal
rührt. Bloß so etwas wie ein
halber Hammel, der mit silbrigen
Augen und einem müden Lächeln
an seine Decke starrt und
leise zu seiner häßlichen
Frau sagt: »Dieser Bukowski
da oben, der ist wirklich ein
Tritt in die Eier, findst du
nicht?«

»Also Honey, jetzt sag doch
nicht so was.«

»Neulich nachts hatte er ne Farbige
da oben. Ich weiß es ganz genau.«

»Aber Mission, so was kannst du doch
gar nicht wissen.«

(Mission? Mission Fleg. O Gott.)

38

»Doch, kann ich. Ich hab sie
schreien hören.«

»Schreien?«

»Na ja, so was wie Stöhnen,
du weißt schon. Wie sieht'n
der Kerl eigentlich aus,
Baby?«

»Bin ihm heut begegnet. Gesicht
irgendwie ramponiert. Lange Nase
wie ein Ameisenbär. Mund wie
ein Affe. Irgendwie lustige Augen.
Hab noch nie solche Augen gesehen.«

Etwa 4.38 Uhr jetzt. Borodin
fertig (yeah), keine besonders
lange Sinfonie. Ich stelle mein
Radio leiser und merke:
Die Flegs hören den
gleichen Sender.

Ich hoffe, wir begegnen uns
nie. Ich mag ihn so, wie er ist
(in meiner Vorstellung)
und bin sicher, auch er
will mich so, wie ich bin
(in seiner Vorstellung).
Grade eben hat er gegähnt –
durch die Decke
seine Decke, die
mein Fußboden ist.
Ah, mein armer müder Fleg
der darauf wartet, daß ich

39

ihm LEBEN gebe, und wahrscheinlich
langsam an irgend etwas stirbt
genau wie ich; aber
ich bin froh, daß er
nicht die Polizei ruft
während ich
es tue.

INTERVIEWT VON EINEM GUGGENHEIM-STIPENDIATEN

Der Gugg war Südamerikaner und
kam hier rein mit seinem Flittchen
sie setzte sich auf meine Bettkante
und schlug ihre schönen Beine über-
einander und ich war verkatert und
starrte ihre Beine an und er
zupfte an seinem schmalen Schlips
und fragte mich
Was halten Sie von den
amerikanischen Lyrikern?
Nicht viel, sagte ich
und während mir die Beine seines
Flittchens den Kopf verdrehten
stellte er mir weitere öde
Fragen, zum Beispiel
Also Ihnen ist alles schnuppe, aber
angenommen, Sie haben einen Kurs zu
unterrichten und die Studenten
fragen Sie, welche amerikanischen
Dichter sie lesen sollen — was
würden Sie ihnen sagen?
Sie schlug wieder die Beine über-
einander und ich sah hin
und dachte: Ich könnte ihn mit
einem Schlag plätten und sie in
vier Minuten vergewaltigen, den
nächsten Zug nach L.A. nehmen
in Arizona aussteigen und in der
Wüste verschwinden.
Ich konnte ihm nicht sagen, daß ich
nie einen Kurs unterrichten würde;
daß ich nicht nur gegen amerikanische

Lyrik was hatte, sondern auch gegen
das amerikanische Unterrichtssystem
und was es von mir erwarten würde,
also sagte ich:
Whitman, T. S. Eliot, die Gedichte
von D. H. Lawrence über Reptilien und
wilde Tiere, Auden.
Dann ging mir auf, daß nur Whitman
Amerikaner war, Eliot war eigentlich
kein richtiger und die beiden anderen
schon gar nicht; und er wußte
es auch, er wußte, daß ich
Stuß geredet hatte
aber ich nahm es nicht zurück
ich dachte noch ein bißchen an
Vergewaltigung, ich war fast verknallt
in die Frau, aber ich wußte
wenn sie rausging, würde ich sie
nicht wiedersehen. Wir
verabschiedeten uns, und der Gugg
sagte, er werde mir den Artikel
schicken, wenn er erschien
doch ich wußte, daß es zu
keinem Artikel reichte, und er
wußte es auch. Dann
sagte er noch:
Ich schicke Ihnen einige
Gedichte von mir in
englischer Übersetzung.
Fein, sagte ich und
sah ihnen nach, wie sie
rausgingen, wie sie auf ihren
hohen Absätzen die steile Stiege
runterklapperte, und dann
waren sie beide verschwunden.

Ich mußte immer noch an ihr
Kleid denken, das sich hauteng
an ihr wellte, und ich war
außer mir vor Trauer, Liebe
und Kummer und daß ich ein
Idiot war, der sich nicht
mitteilen konnte. Ich ging rein
und trank mein Bier aus
knackte noch eine Dose
zog meinen zerlumpten Königs-
mantel über und ging hinaus
in die Straßen von New Orleans
und in dieser Nacht saß ich
bei meinen Freunden und
benahm mich wie ein widerlich doofes
großmäuliges, gehässiges
Arschloch, und sie hatten
keine Ahnung
warum.

ETWAS MIT EINER OPER

Ich weiß nicht, es regnete, und ich war
irgendwo gestürzt, aber ich hatte wohl
Geld, deshalb machte es nichts, und ich
ging ins Opernhaus, damit meine Klamotten
trockneten, und es war Premiere, alle
hatten sich in Schale geworfen und
versuchten sich sehr dezent und gebildet
zu geben, aber ich sah eine Menge
Typen, die knallhart waren, ich meine
nicht so knallhart wie Dillinger, aber
genug, um in ihrer Branche erfolgreich
zu sein, und ihre Frauen waren total
unmusikalisch, und selbst die
die während der Aufführung schrien
taten es nicht aus Begeisterung, sondern
weil es dazugehörte wie Bermuda-Shorts
im Sommer, und ich dachte: Ich werde
nie eine Oper komponieren, denn sie
werden nur darauf rumtrampeln;
ich ging raus und rief eine Bekannte
aus South Philly an, wir trafen uns
in der Olvera Street und gingen in
einen Nachtklub und aßen und tranken
und so eine Dicke machte einen Fächertanz
und schlenkerte mir ihren Arsch ins Gesicht
und die South-Philly-Tante wurde sauer
ich mußte lachen, und ein kleiner
Mexikaner, gemein wie eine Tarantel,
sagte dauernd, wir sollten ruhig sein
und ich forderte ihn auf, mit mir
rauszugehn in die Gasse, er kam mit,
und ich machte ihn fertig, es war ganz

leicht, ich kam mir vor wie Hemingway
und ich nahm die Alte mit auf meine Bude
und erzählte ihr von der Oper – wie
die Leute so schick angezogen waren und
bei allem, ob es gut war oder nicht,
Beifall klatschten; wir schliefen
tief und fest in jener Nacht, es
regnete uns ins Gesicht, durchs
Fenster rein, und ich dachte dauernd
an die Mexikanerin mit den Fächern
die ihren dicken Hintern schlenkerte
ich glaube nicht, daß sie sich über mich
lustig machte, denn ich sehe echt gut
und gebildet aus, und eines Tages
werde ich das Trinken und Rauchen und
Rumhuren aufgeben und in der prallen
Sonne knien und beten, während sie
in Tijuana die prachtvollen Stiere killen
und ihre Schwänze und Ohren verkaufen
und ich werde in die Oper gehen
in die Oper werde ich gehen und zwölf
Kerle haben, die für mich arbeiten, für
achtzig Dollar die Woche, einschließlich
halbtags an Samstagen, und nichts
von wegen montags
verkatert antanzen.

BRIEF AUS DEM NORDEN

Mein Freund schreibt von Verlegern und
daß sie nichts von ihm nehmen; von einem
Besuch bei K. oder R. oder W. und ob ich
in der Nr. 12 von S. bin, von ihm
wird ein Gedicht drin sein, und T.
hat ihm aus Florida geschrieben
aber seine Gedichte abgelehnt;
R. schläft neben der Druckmaschine
und T. hat ihn gnadenlos runtergemacht ...
auf der Straße traf er den Herausgeber
der X. Review, der die Begegnung anscheinend
als Tiefschlag empfand und wissen wollte
was er von einigen Gedichten hielt;
es tue gut, die Typen gelegentlich zu
stellen, sie auszuräuchern; die Werbe-
agenturen haben ihn vergessen, und W.
braucht zu lange, um sein Buch zu lesen;
für eine Lesung im Unicorn Bookstore
hat er ganze fünf Dollar bekommen;
mit K. von der W. Review telefoniert und
der Typ hört sich sehr beschlagen an;
zu meinem Amüsement legt er einige
Zeitungsausschnitte bei – in einer
Kolumne wird sein Name erwähnt; mit R.
muß er nochmal telefonieren: S. hält
Vorlesungen an der Universität, und er
kann da unmöglich hin; M. ist ein Homo
C. kann sich zu nichts entschließen
und P. ist wütend auf ihn, weil er
in Gegenwart von N. ein Bier
getrunken hat; nichts als Ablehnungen
aber er weiß, sein Zeug ist gut;

L. war da und hat eine Packung
Pall Malls geschnorrt, er findet
die Quengelei dieses Bastards zum
Kotzen; B. schreibt, daß P. in
Schwierigkeiten ist, sie müssen
eine Benefiz-Lesung organisieren;
er fühlt sich schrecklich entmutigt;
nicht einmal Geld für Briefmarken;
ohne Briefmarken ist er tot;
schreib mir, sagt er, ich hab
den Blues.

Dir schreiben? Was denn, mein Freund?
Mich interessiert nur
Poesie.

DAS ENDE

Da kommen sie
grau und vertiert
löschen die Nacht aus
mit ihren blutroten Fackeln
Numbo! brüllen sie
Heil Numbo!
und John vom Tante-Emma-
Laden haut sich flach und
drückt seine kostbaren Eier
und Würste an sich
und die Baseballschläger von
Babe Ruth stehn auf und
promenieren ihre Trefferquoten
durch die dunkle Bar
und die ergraute Blondine
bei mir im Bett fragt
»Was'n das für'n Krach?«
und ich sage: »Es ist
das Ende der Welt.«
Wir setzen uns ans Fenster
sehen es uns an und sind
merkwürdig glücklich:
Wir haben 14 Zigaretten
und eine Flasche Wein
das reicht uns bequem
bis sie uns
finden.

ÜBUNG

Ich übe mich im Sterben
und während die Würmer
auf mich warten und sich
krümmen vor Qual, kann ich
getrost noch ein Glas trinken
und mir vorstellen, es
wäre soweit: Ich schlage die
Beine übereinander im Innenhof
eines Hotels in Mexico City, 1977
die Vögel stürzen sich auf mich
und hacken mir die Augen aus
und wenn sie wegfliegen
kann ich sie nicht mehr sehen.

Ist es eine Schrotladung Krebs?
Oder ein Sonnenstich?

Das Herz verrottet, der
Magen fault, die Lilie.

Und Hemingway. Den hab ich mir
immer vorgestellt als zähen
alten Burschen, der sich
unter einer grellen Küchenlampe
ein Steak brät. Was ist
passiert, Ernie?
Hem hat es auch geübt. Bei
jedem Stier, den er sterben sah
stellte er sich darauf ein. Wenn
er sich nachmittags um vier
eine Zigarette anbrannte
stellte er sich darauf ein.

Die Stiere, die Soldaten, die
großen Städte und die kleinen …

Meine Trauer, meinen Kummer
(laßt mir noch diesen Drink)
könnte man wie Saiten
überall auf Gitarren spannen
und zehn Minuten lang
spielen; sämtliche Generäle
senken den Kopf, Nutten
werden wieder kleine Mädchen
Dienstmägde küssen mein Bild
an der Mauer der Plaza, haha
und alte Krieger
massieren sich die harten
blauen Venen und hoffen
auf einen weiteren Tag
Tapferkeit.

Tod, ich trainiere:
Deine Perücke paßt
zu diesem Dress da
deine Augen
zu diesen Zähnen –
auch ich ein alter Mann
der sich ein Steak brät
in einer kleinen Küche.
Wenn mich das Glück verläßt
geht mir auch der Whisky aus
und wenn der Whisky alle ist
wird das Land nicht mehr
grün sein. Und meine
Liebe, meine Trauer, wer
braucht die?

Ich trainiere ganz gut
auf den Tod – schickt
mir den Stier rein
das Mädchen, dessen weißes Fleisch
Männer auf den Boulevards
wahnsinnig macht
gebt mir Paris
ein Auto auf dem Freeway
mit sechs Leuten drin, unterwegs
zu einem Picknick
den Sieger im achten Rennen
Palm Beach und sämtliche
Badegäste am Strand!
Dann übe ich auch
für euch
und den Straßenkehrer
die Dame in meinem Bett
die Sonette von Shakespeare
die Elefanten
die Schwulen und die Mörder.
Ich übe für alle, aber
am meisten für mich.

Jetzt schenk ich mir noch
einen Drink ein, morgens
halb zehn, die Turfzeitung
auf der Couch, der
Briefträger kommt mit
einem Liebesbrief von einer
Lady, die nicht sterben will
und einem Schrieb von der
Regierung, die Geld von mir will
und ich übe auch für die
Regierung, ich bin inwendig
ganz rot, Herz und Därme

und Lunge durchsiebt
und ich hoffe, sie verhaften
mich nicht, ich trainiere
ziemlich fleißig, ich habe
ein Steak, eine Zigarre und
einen halben Liter Scotch
ich habe die meisten Klassiker
gelesen und sehe heute früh
die Vögel fliegen, die meisten
kann ich sehen, viel mehr als ihr
und jetzt werde ich bald ein
Bad nehmen, frische Sachen
anziehen und zur Rennbahn
fahren.

Es ist kein ungewöhnlicher
Morgen, nur noch einer mehr
und dankeschön fürs
Zuhören.

DIE BESTIE

Beowulf mag Grendel
getötet haben und
Grendels Mutter, aber
das hier würde er
nicht schaffen –
es kraucht herum
mit gebrochenem Rückgrat
und Augen aus Spucke
es hat Krebs
schwingt einen Besen
lächelt und killt
Bakterien, Deutsche und
Gladiolen.

Es sitzt in der Badewanne
mit einem Stück Seife und
liest in der Zeitung von der
Bombe, Vietnam und den Freeways
es lächelt, steigt nackt heraus
trocknet sich nicht ab
geht raus und schändet
kleine Mädchen, bringt sie um
und wirft sie weg wie
abgenagte Knochen.

Es geht in Schlafzimmer
und sieht Liebespaaren
beim Ficken zu
es hält die Uhr
um 1.30 Uhr an
es verwandelt einen Mann

53

der ein Buch liest
in eine Steinsäule.

Die Bestie
verdirbt Pralinen
läßt klagende Songs
entstehen, läßt
Vögel mitten im Flug
abstürzen.

Sie hat sogar Beowulf
getötet, den mutigen
Beowulf, der Grendel
und dessen Mutter
umbrachte.

Schau
selbst die Huren
in der Bar denken
daran, trinken zuviel
und vergessen beinah
das Geschäft.

RAMSEY

In einem Keller in der Vorstadt
stellt sich eine Ratte auf die Hinterbeine
und leckt den lecken Boden deines
Lebens. Träume von Kairo verlassen
den Körper als erstes – was für ein
November! Ein süßer Schmerz
der kitzelt wie eine Fliege – man
scheucht sie weg, sie kurvt zurück
und setzt sich wieder.
Ich will nicht lügen: Ich höre
das Gekicher aus dem Grab
in Nächten, die sich nicht weg-
trinken lassen, und es hat
den ganzen Tag geregnet
und als ich mir die Zeitung kaufte
sah ich die Tropfen, die dem
Zeitungsmann vom Mützenschirm
auf die Nase fielen und dann
von der Nasenspitze … doch ich
glaube nicht, daß er je daran
gedacht hat, sich die Kehle
durchzuschneiden, um eine
schnelle Liebe zu beenden.
Ramsey, sagt eine Stimme am Telefon
Ramsey, du klingst so verdammt traurig!
Unten zeichnet ein Kind
Kreise in den Schlamm.
Der Regen hat aufgehört.
Kreise, Kreise, Weniger
weinen, sich weniger
wundern.
Ich höre eine Stimme singen.

Ich öffne ein Fenster.
Ein Hund bellt.
In Amsterdam erzittert
ein Heiliger.

KRANKMELDUNG WEGEN KATER

Ich weiß sehr wenig
und obwohl ich Augen im
Kopf habe und Füße zum Gehen
und es Universitäten gibt
und Bücher voll Menschen
und Orte wie
Rom und Madrid
bleib ich im Bett
und sehe zu, wie das Licht
an den Vorhängen hochkommt
und hör mir Geräusche an
die ich nicht mag, und ich
fürchte den Zorn einer Frau
den Vermieter
den Psychiater
die Polizei
den Priester
doch im Bett hier
wo ich als meine eigene Sonne
mein Skelett umkreise
bin ich durchaus real
und denke an Fabrikarbeiter
mit durchgeschwitzten Unterhosen
ich weiß in diesem Zimmer
genug von Los Angeles
um nichts mehr beweisen
zu müssen
und zieh mir die Bettdecke
bis an die Ohren meines
leeren Kopfs und
atme ein und aus
ein und aus

in meinen vier Wänden:
Ein wunderschöner Tag
für einen Maulwurf im Karton.

35 SEKUNDEN

Pleiten. Eine nach der
anderen. Ein ganzer Enten-
teich voll. Mein rechter Arm
tut mir bis zur Schulter weh.

Es ist wie auf der Rennbahn:
Du gehst an die Bar
deine Augen machen vor Angst
fast dicht, und du
trinkst es runter –
Bar Beine Ärsche
Wände Decken
Rennprogramm
Pferdeäpfel …

und du weißt
du hast nur noch
35 Sekunden zu leben
und all die roten Münder
wollen dich küssen
all die Kleider wollen
sich heben und dir
Bein zeigen
es ist wie
Fanfaren und
Sinfonien
wie Krieg
wie Krieg
wie Krieg
und der Barkeeper
beugt sich rüber und sagt:
Ich höre, im nächsten

Rennen macht es die
Sechs.

Und du sagst
leck mich
und er ist ein
weißer Spüllappen
im Haus deiner Großmutter
das nicht mehr steht.

Und dann sagt
er was.

Und so hab ich mir
den Arm verstaucht.

GUTGEMEINTER RAT FÜR
ALLERHAND JUNGE MÄNNER

Geht nach Tibet.
Reitet auf einem Kamel.
Lest die Bibel.
Färbt euch die Schuhe blau.
Laßt euch einen Bart stehen.
Fahrt in einem Papierschiffchen
um die Welt.
Abonniert die *Saturday Evening Post.*
Kaut nur auf der linken Seite.
Heiratet eine Einbeinige
schabt euch die Stoppeln mit einem
langen Rasiermesser aus dem Gesicht
und ritzt ihr euren
Namen in den Arm.

Putzt euch die Zähne mit Benzin.
Schlaft den ganzen Tag und
klettert nachts auf Bäume.
Werdet Mönche und trinkt
Schrot und Bier.
Haltet den Kopf unters Wasser
und spielt Geige.

Macht Bauchtanz vor rosaroten Kerzen.
Killt euren Hund.
Kandidiert fürs Bürgermeisteramt.
Haust in einem Faß.
Haut euch ein Hackbeil übern Schädel.
Pflanzt Tulpen im Regen.

Aber schreibt keine Gedichte.

ALLES

Die Toten, nehme ich an,
brauchen weder Kummer
noch Aspirin

aber vielleicht
Regen.

Keine Schuhe, aber
Platz zum Gehen.

Keine Zigaretten
wie es heißt, aber
Platz zum
Verbrennen.

Oder es heißt:
Platz und
Raum zum Fliegen
könnte ein und
dasselbe sein.

Die Toten brauchen
auch mich nicht

so wenig wie
die Lebenden.

Aber sie brauchen
vielleicht
einander.

Tatsache ist, die
Toten brauchen
vermutlich das-
selbe wie wir;
und wir
brauchen so
viel. Wenn wir
nur wüßten
was.

Wahrscheinlich
alles.

Und wahrscheinlich
werden wir alle sterben
beim Versuch, es zu
kriegen.

Oder wir sterben
weil es nicht
klappt.

Ich hoffe
wenn ich mal
tot bin
werdet ihr
begreifen, daß ich
alles hatte
was möglich
war.

AMERICAN EXPRESS, ATHEN

Hundsknochen. Könntest mir wenigstens
ein paar von deinen Büchern schicken.
Ich lese keine mehr, es sei denn
ich bekomm sie umsonst.
Du schreibst gute Briefe
aber das können viele
und wenns um das Gedicht geht
sind sie saft- und kraftlos
wie Wachsfiguren

Und, Baby, ich sehe
du kommst rum: *Evergreen
Review, Poetry,* usw.
Ich kann nicht
mit diesen goldenen
Scheißhäusern der
Kultur. Hab es längst
aufgegeben.

Ich werde es nie zu einem
Haus in einem Tal bringen
mit steinernen Männchen
die meinen Rasen sprenkeln.
Während ich älter werde
(und ich werde älter)
kann ich stundenlang ein
grünes Gartenhäuschen (nicht meins)
ansehen oder die flappenden
Elefantenohren vor dem
Fenster, die gefangen sind
zwischen dem Wind und mir
und der untergehenden Sonne.

Das Meer ist zwanzig Meilen
weiter westlich, ich hab es
vielleicht drei Jahre nicht mehr
gesehen, vielleicht ist es
gar nicht mehr da, vielleicht
bin ich selbst nicht mehr da.

Das einzige Mal, wenn ich
etwas empfinde, ist
wenn ich das blonde Bier
runtertrinke, so schnell und
lang, daß das elektrische Licht
wie die Sonne glüht und meine Frau
wie ein Schulmädchen wirkt
mit Büchern unterm Arm
und Pound hat sich rasiert
und die Bulldogge lächelt.

Jetzt brauch ich eine
Zigarette. Mit dem Krebs
versteh ich mich wie mit
einer bar bezahlten Nutte.
Ich bin schon eine ganze Weile
nicht mehr im Armenkrankenhaus
gewesen oder zusammen-
geschlagen worden –
all das schale Blut überall
wie Kotze – und ich muß immer
daran denken, daß es Männer
gegeben hat, die für etwas
gestorben sind oder es
wenigstens glaubten
und daher dieses Gefühl
von Sinnlosigkeit, wenn man
nur für sich allein stirbt;

niemand da, nicht mal eine
Krankenschwester, nur ein
alter Mann von achtzig
der aus seinem Bett zu dir
runterschreit auf den Boden
wo du einen Blutsturz hast:
»Sei still! Ich will schlafen!«

Na ja, der kommt auch noch
zu seinem Schlaf.

TOPPLASTIGE 90 KILO LEHM

Die Kette ist an der Tür
die nackten Weiber ausgesperrt
die nackte Power an
und ich beuge mich über Düsen
angetrieben von Turbinen, von
Sonnenenergie, aber ich weiß
daß ich nicht viel Talent
zum Weitermachen habe –
lieber sähe ich einem Käfer zu
der durch den Puderstaub
der kranken Erde kriecht –
während euch mein kalter
Händedruck vertraut ist
meine Zigarre, lebendiger
als meine Augen, mein
Verstand trüber als das Licht
der Sonne vom letzten Herbst;
aber, herrgottnochmal, Freunde –
die Luger, der Mörser, das Flickwerk
während ich euch anstarre
mit offenem Schweinskotelett-Mund;
nehmt mich, wie man Caesar nahm
oder Jeanne d'Arc
oder den Mann, der im Suff
von der Feuerleiter fiel
oder den Selbstmörder in Bellevue
oder Van Gogh, verwirrt von
Raben und dem
atomaren Gelb.
Ich halte mir alles fern
damit ihr real werden könnt
und bebend und langstielig

und aufstrebend und blau und
Buttermilch
während die Tingeltangel-
Tänzerinnen die Beine schlenkern
Fahnen flattern
der Adler ins Meer stürzt
und unsere dreckige Zeit
so ziemlich abserviert
und hin ist.

EIN ANSTÄNDIGES HAUS

Es ist nicht leicht, im Dunkeln
durch die Korridore zu rennen und
eine Tür zu finden, verfolgt
von qualligen Polizisten mit dem
wuchtigen Schritt von Toten;
dann Nr. 303 und rein, Kette vor,
sie rütteln dran und brüllen rum
dann werden sie vernünftig und
reden mir gut zu
doch dem Vermieter bin ich
hinter verrammelter Tür
gottseidank lieber als
im Knast.

»Er ist besoffen und hat
ne Frau bei sich. Ich hab ihn
gewarnt, daß ich so was
nicht erlaube, das hier ist
ein anständiges Haus;
das hier ...«

Bald danach verschwinden sie.
Man könnte meinen, ich hätte
nie die Miete bezahlt. Man sollte
meinen, sie würden einem Mann erlauben
daß er trinkt und sich mit einer
Frau den Sonnenaufgang ansieht.

Ich nehme die Flasche aus
der braunen Tüte und mache
sie auf, und *sie* hockt
in der Ecke und raucht

und hustet wie ein
altes Tantchen aus
New Jersey.

SCHLAFLOSIGKEIT

Warst du je in einem Zimmer
und in den Stockwerken darunter
32 Leute, die alle schlafen
nur du nicht
du hörst auf die Motoren und
Autohupen, die nie schweigen
du denkst an Minotauren
du denkst an Segovia
der jeden Tag fünf Stunden übt
oder an Gräber
die es nicht nötig haben
und deine Füße verheddern sich
im Laken, du schaust
auf eine Hand, die ohne weiteres
einem Mann von achtzig
gehören könnte, und unter dir
liegen 32 Schläfer, und du
weißt, die meisten werden
aufwachen, gähnen, essen, den Müll
auskippen, vielleicht aufs Klo gehn
doch jetzt gehören sie noch dir
sie reiten auf deinen Minotauren
hauchen Songs wie glühende Hagel-
schauer oder pilzförmige
Atemwolken: Schädel
flach wie Särge, alle
Liebespaare sind wieder
auseinander, und du
stehst auf und steckst dir
eine Zigarette an, die dir
beweist, daß du
noch lebst.

GESICHT BEIM RASIEREN

Was ist so ein Körper? Nichts
als ein Mensch, der eine Weile
darin eingeschlossen ist. Er
starrt in einen Spiegel und
erkennt den Verkäufer vom
Gemüsemarkt oder ein Tapeten-
muster; was da ein Spiegelbild
sucht, ist keine Eitelkeit
es ist die dumpfe Neugier
eines Affen. Jedenfalls – da
ist es nun, das Abbild …
Bewegung von Arm und Muskel
Kugelkopf, ein Gesicht
das durch die schalen Dimensionen
von Träumen starrt, während
in Mississippi eine Studentin
sich die Nase pudert und einen
lavendelfarbenen Kuß malt;
das Telefon klingt wie ein
Hilferuf und das Rasiermesser
bricht durch den Schnee, die
toten Rosen, die toten Motten,
Sonnenuntergänge, Wasserdampf
und Christus und Dunkelheit –
ein messerdünner Streifen
Licht.

SIE LASSEN DIR KEINE RUHE

He, Mann! schreit jemand durch mein
kaputtes Fenster zu mir runter
    gehst du mit zum Taco-Stand?

Nein, verdammt, schrei ich vom
    Boden zu ihm hoch.

Wieso nicht? fragt er.

Wer bist du? brülle ich zurück.

Keiner von uns weiß, wer er ist,
konstatiert er. Hab bloß gedacht
    du willst vielleicht mit runter
    zum Taco-Stand.

Sei so gut und geh.

Nein, ich komm rein.

Hör mal, Freund, ich hab ne Salami hier
die ist dreißig Zentimeter lang, und
    der erste Knilch, der reinkommt
    kriegt sie an den Schädel!

Leg dich nicht mit mir an, gibt er
zurück. Meine Mutter hat 'n halbes Jahr
    für St. Purdy High in Halfback-Position
    gespielt, bis jemand gesehn hat
    wie sie auf'm Pißbecken hockt.

Ach ja? Na, ich hab Läuse im Haar,
Mäuse und Fische in den Taschen
   und Charles Atlas ist in meinem
   Badezimmer und poliert meinen
   Spiegel.

Darauf verzieht er sich.

Ich wische mir die Bierdosen von
der Brust, steh auf und brülle
zu Atlas rein, er soll endlich
verschwinden, ich hab
zu tun.

ERFAHRUNG

Hinten im Flur wohnt eine Dame
die Schmetterlinge und Insekten malt
und im Zimmer stehen kleine Statuen
die sie aus Ton modelliert
ich ging da rein, setzte mich auf
die Couch und bekam was zu trinken
und dann fiel mir eine männliche
Statue auf, die uns den Rücken zukehrte
der arme Kerl stand da und
wirkte sehr beklommen
also fragte ich die Dame:
Was ist denn mit dem?
und sie sagte: Den hab ich
vorne irgendwie verpatzt.
Ich sehe, sagte ich und trank
mein Glas aus, daß Sie mit Männern
nicht viel Erfahrung haben.
Sie lachte und brachte mir
noch einen Drink. Wir
unterhielten uns über Klee,
den Tod von Cummings,
Kunst, Überleben usw.
Sie sollten mehr von Männern
wissen, sagte ich.
Ich weiß, sagte sie. Gefalle
ich Ihnen?
Klar, sagte ich.
Wir sprachen über Ezra Pound,
Van Gogh, lauter
so Zeug.
Sie setzte sich neben mich.
Sie sagte, ich hätte eine gute

Lebenslinie und wäre männlich.
Ich sagte ihr, sie hätte
hübsche Beine. Ich
weiß nicht mehr
wann ich ging.
Eine Woche später
ging ich wieder nach hinten
und sie bat mich herein.
Ich hab ihn umgemodelt
sagte sie.
Wen? fragte ich.
Meinen Mann in der Ecke
sagte sie.

Gut, sagte ich.
Willst du mal sehn?
fragte sie.
Klar, sagte ich.
Sie ging in die Ecke und
drehte ihn herum.

Tja, und wie sie ihn
umgemodelt hatte …
Mein Gott – das war
ich!

Ich mußte lachen, und sie
lachte mit, und das Kunstwerk
stand da – ein
wunderschönes
Ding.

VORSICHT GLAS

Die ganze Nacht versuchte ich
zu schlafen, aber es ging nicht
und gegen halb sechs begann ich
zu trinken und las was
über Delius und
Strawinski
und bald hörte ich, wie sie
im ganzen Haus aufstanden
Kaffee aufsetzten
die Wasserspülung zogen
und dann klingelte das
Telefon, und sie sagte:
»Sam! Du warst nicht
im Gefängnis?«
»Nee«, sagte ich
»in letzter Zeit nicht«
dann wollte sie wissen
wo zum Teufel ich
gesteckt habe und all
so was, und schließlich
wimmelte ich sie ab
ließ die Rollos hoch
zog mich an und ging
runter in den Coffeeshop
und da saßen sie alle
bei Rührei und Schinken.
Ich trank einen Kaffee
und ging zur Arbeit.

Ich leerte die Papierkörbe
hängte Klopapier ins
Damenklo, verstreute feuchtes
Sägemehl zum Ausfegen. Der

Alte kam rein und sah
wie ich mich am
Besenstiel festhielt.
»Du siehst beschissen aus«
sagte er. »Hast du frische
Rollen ins Damenklo gehängt?«
Ich spuckte ins Sägemehl und
nickte. »Die Lieferung an
McGerney's«, sagte er, »die
zwölf Pötte Bohnerwachs …«
»Yeah?« fragte ich.
»Er sagt, sieben waren
kaputt. Hast du sie nicht
richtig verpackt?«
»Doch.«
»Hast du Aufkleber mit
Vorsicht Glas draufgemacht?«
»Ja.«
»Wenn dir die Aufkleber
ausgehn, sag mir Bescheid.«
»Is gut.«
»… und paß von jetzt an
besser auf.«
Er ging ins Büro, und ich
fegte aus, nach hinten zu.
Nach ein paar Minuten
hörte ich ihn mit den
Sekretärinnen lachen.

Ich schloß den Hintereingang
auf, holte die leeren
Mülltonnen rein, setzte mich
hin und rauchte eine
Zigarette. Jetzt wurde ich
endlich müde.

Eine der Sekretärinnen kam
nach hinten, wackelte mit
dem Arsch und knallte ihre
Pfennigabsätze auf den
Zement.

Sie gab mir einen Stapel
Bestellungen, Zeug zum
Zusammensuchen und Verpacken
und warf mir einen Blick
zu, so ein Lächeln im
Gesicht, das besagte:

Ich hab nicht viel zu
arbeiten, aber du.
Dann ging sie. Alles
an ihr schlingerte.

Ich goß etwas Wasser in
den Klebeband-Dispenser
und dann stand ich da
und wartete auf den
Feierabend.

THERMOMETER

Während meine Haut sich bedrohlich runzelt
wie Ölfarbe an einer brennenden Wand
und Fruchtfliegen mich anstarren
mit sterilen orange-
grauen Augen
träume ich von lavendelfarbenen
Damen, schön und unmöglich
wie die Unsterblichkeit

während meine Haut sich bedrohlich
runzelt, lese ich die *New York Times*
werden Spinnen von Ameisen überfallen
im Schatten von Graswurzeln
recken Nutten die Hände und flehen
den Himmel um Liebe an
und weiße Mäuse streiten sich
um ein Stück Käse

während meine Haut sich bedrohlich
runzelt, denke ich an Karthago und
Rom und Berlin
an junge Mädchen, die
an Bushaltestellen ihre
Nylonbeine übereinanderschlagen

während meine Haut sich bedrohlich
runzelt wie Ölfarbe an einer
brennenden Wand, steh ich
von meinem Stuhl auf, trinke
einen Schluck Wasser an
einem angenehmen Nachmittag
und mache mir Gedanken

über Wasser, Gedanken über
mich, Gedanken
die aufsteigen wie eine
erwärmte Quecksilbersäule
wie ein Schmetterling
im destillierten Blaßgelb
eines Nachmittags, dann
gehe ich zurück zu meinem
Stuhl und setz mich drauf
und denke gar nichts mehr –
während Leitern brechen und
alte Kriegsfilme dröhnen
lasse ich alles
brennen.

EIN OPFER VON SCHMETTERLINGEN

Vielleicht gewinne ich im Pferdelotto
vielleicht verliere ich den Verstand
vielleicht …
vielleicht kriege ich Arbeitslosengeld
oder eine reiche Lesbe auf einem Berg

vielleicht werde ich wiedergeboren
als Frosch oder finde in meinem
Badewasser einen Plastiksack
mit 70 000 Dollar

ich brauche Hilfe
ich bin ein fetter Mensch
ein Opfer von
grünen Bäumen
Schmetterlingen
und euch

umdrehen
die Lampe anknipsen
meine Zähne tun mir
in der Seele weh
ich kann nicht schlafen
ich bete für die toten
Straßenbahnen, die
weißen Mäuse, Motoren
die Feuer fangen
Blut auf einem grünen Kittel
in einem Operationssaal
in San Francisco

schwer in der Klemme
au Backe, irre:
mein Körper, gefüllt
mit nichts als mir;
gefangen auf halbem Weg
zwischen Selbstmord und
Alter, in Fabriken
schaffe ich an
neben den jungen Boys
verhalte mich friedlich
verbrenne mein Blut wie
Benzin, daß selbst der
Vorarbeiter grinst

meine Gedichte nur
Kratzspuren am
Boden eines
Käfigs.

II

STRASSENBAHN

Frank und ich waren zwölf oder dreizehn
in jenem Sommer, es war Wirtschaftskrise
da gabs nicht viel zu tun, außer
per Anhalter zum Strand fahren
und wieder zurück.
Im Herbst und Winter
hatten wir es dann
mit Straßenbahnen.

Eine Fahrt kostete sieben Cents
wenn ich mich recht erinnere
und man konnte zweimal umsteigen;
damit kam man in der Stadt
ziemlich herum.

Frank und ich waren
wie es aussah, nur noch
mit Straßenbahnen unterwegs.
Es war allemal besser
als zuhause zu sitzen.

Wir zogen immer gemeinsam los.
Frank hatte keine Hemmungen
er ging auf und ab und
fragte die Leute:
»Brauchen Sie Ihre Umsteige-
karte noch?« Auf die Tour
bekam er viele ›Umsteiger‹
zusammen, und wir fuhren
alles ab. Manchmal
wußten wir kaum noch
wo wir waren.

Es gab auch Probleme:
»Ihr könnt nicht von der W
in die J umsteigen. Das ist eine
andere Zone. Ihr müßt einen
neuen Fahrschein lösen.«

»Aber der Schaffner von der W
hat gesagt, das geht.«

»Na gut, Jungs, aber nur
dieses Mal.«

Oder folgendes Problem:
»Diese Umsteiger sind ungültig.
Die Zeit ist überschritten.«

»So? Wo sieht man denn das?«

»Das Loch da, siehst du?
Da ist die 2 gelocht. Das
bedeutet, nach 14 Uhr ist es
zu spät.«

»Na schön, lassen Sie uns
raus …«

Wir stiegen an der
nächsten Haltestelle
aus, und Frank zog
noch ein paar Umsteiger
aus der Tasche. Er fand
einen Zahnstocher auf
der Straße, bohrte ein Loch
in eine der Karten, dann
in eine weitere.

»Was machste da?«
fragte ich.

»Ich ändere die Zeit«
sagte er.

»Aber dann sinds doch
zwei Löcher ...«

»Na und?«

Wir stiegen in die
nächste Bahn.

»Hey«, sagte der Schaffner
»die sind ja zweimal
gelocht.«

»Na und?« sagte Frank.
»Ist doch nicht unsere
Schuld.«

Wir gingen nach hinten
und setzten uns.

Im Jahr davor hatten wir
uns in die katholische
Kirche vernarrt, aber das
wurde schnell langweilig.
Jetzt waren es
Straßenbahnen.

Wir wußten inzwischen von
Mädchen, aber wir wußten
auch, daß unsere Eltern

arm waren und wir nichts
hatten, deshalb würde das
noch eine Weile warten
müssen.

Straßenbahnfahrten bei Nacht
waren am besten. Wir hatten
selten Gelegenheit dazu
außer wenn unsere Eltern
am gleichen Abend ins
Kino gingen.
Das war selten, aber
ein paarmal kam es vor.

Die Linie W war die beste.
Abends fuhren nicht mehr viele
Leute, und die Fahrer
zogen richtig ab und rasten
wie die Irren. Es gab
lange Strecken ohne
ein Signal, oder die
Signale waren aufeinander
abgestimmt; das wurde manchmal
eine wilde Fahrt, alles total
schwarz da draußen, und die
alte W raste auf den
Schienen lang, die Räder
ratterten, liefen heiß und
sprühten Funken, der Fahrer,
völlig übergeschnappt, trat
aufs Pedal und ließ die
Glocke scheppern
BÄNG BÄNG BÄNG BÄNG BÄNG!

Wir saßen im offenen Teil
und der Wind pustete uns
durch. »Der bringt uns um!«
schrie Frank, und ich
lachte.

Und zuhause war es für
jeden von uns immer
dasselbe:

»Wo zum Kuckuck hast du
gesteckt?!«

»Bin rumgezogen.«

»Rumgezogen?«

»Yeah.«

Das machte sie konfus.
Sie wußten, wir
hatten kein Geld
und doch waren wir oft
stundenlang verschwunden.

Unsere Romanze mit den
Straßenbahnen fand leider
ein sehr trauriges
Ende.

Mein Vater hatte mich
zuhause behalten und im
Garten arbeiten lassen
und Frank war allein
losgezogen.

Ich schuftete den ganzen Tag
und mein Vater saß am
Fenster und behielt mich
im Auge.
Endlich war der Tag herum.
Ich brachte das Abendessen
hinter mich und ging
auf mein Zimmer.

Gegen acht Uhr hörte ich
meinen Vater brüllen—
»Henry, komm hier raus!«

Ich ging nach vorn ins
Wohnzimmer, und da stand
Franks Mutter an der Tür
und heulte.

»Frank ist nicht nach
Hause gekommen«, sagte
mein Vater. »Wo ist er?«

»Ich hab keine Ahnung
wo er ist.«

»Du weißt, wo er ist.«

»Nein, weiß ich nicht.«

»Du gehst jetzt los und
suchst ihn. Und komm mir
ja nicht ohne ihn
zurück!«

Ich zwängte mich an Franks
Mutter, die immer noch flennte
vorbei und aus der Tür.

Ich ging die Straße hoch
dann drei Blocks rüber
zur Endstation der Linie
W – sie endete in
unserer Gegend.

Ich setzte mich auf die
Bank und wartete. Ich
sah die Bahn kommen;
sie hielt, und die Leute
stiegen aus:
Kein Frank.

Ich wartete die
nächste ab.
Die Leute stiegen
aus. Frank war
nicht darunter.

Ich saß da und wartete
weiter. Die nächste W
kam.

Der letzte, der ausstieg
war Frank.

Er wirkte sehr müde.

Ich stand auf.
»Hey, Frank!«

Er sah mich und
kam her.

»Gott, war das ein Abend!
Ich war stundenlang da
draußen. Die müssen
sämtliche Schaffner gewarnt
haben.«

»Wieso?«

»Ich hab versucht, wieder
auf die W zu kommen, aber
sie wollten meine Umsteiger
nicht nehmen, sie kannten
meine ganzen Tricks, und ich
hatte keinen Pfennig Geld!«

»Was hast'n gemacht?«

»Als ich fünfmal abgeblitzt war
bin ich aus lauter Verzweiflung
auf eine Bahn gesprungen.
Ich bin nach hinten gerannt
hab mich hingesetzt und ihnen
einen Veitstanz vorgespielt.
Paß mal auf ...«

Frank machte es mir vor.
Er zuckte am ganzen Körper
rollte mit dem Kopf
verdrehte die Augen und
bekam Schaum vor den Mund.

»Das ist toll, Frank,
du bist gut!«

»Der hat mich mitfahren
lassen.«

»Frank, deine Mutter war
bei uns. Sie hat geheult.
Du kriegst Ärger.«

»Ich weiß. Mein Vater
versohlt mir den Frack.«

»Kannst du nicht irgendwas
erfinden?«

»Nee, das nützt alles nichts.
Laß ich mir halt den
Frack versohlen.
Komm, gehn wir
heim …«

Wir bogen in die erste
Querstraße ein.

»Tja«, sagte ich, »ich
schätze, jetzt ist es aus
mit Straßenbahnen. Wir
müssen uns was anderes
suchen.«

»Mädchen«, sagte Frank.

»Mädchen?«
Das schien ein
ziemlich großer Schritt
zu sein.

»Das ist alles
was uns bleibt«,
sagte Frank.

Wir gingen im Mondschein
die Straße lang und
dachten darüber
nach.

KREBS

Ich fand ihr Zimmer
am Ende der Treppe.
Sie war allein.
»Tag, Henry«, sagte sie.
Dann: »Weißt du, ich hasse
dieses Zimmer. Es hat
kein Fenster.«

Ich war fürchterlich verkatert.
Der Geruch war unerträglich.
Mir war, als müßte ich mich
übergeben.

»Sie haben mich vorgestern
operiert«, sagte sie. »Gestern
gings mir besser, aber jetzt
ist es wieder wie vorher
oder noch schlimmer.«

»Das tut mir leid, Mom.«

»Weißt du, du hast recht
gehabt – dein Vater
ist ein gräßlicher Mensch.«

Arme Frau. Einen brutalen Mann
und einen Alkoholiker als Sohn.

»Entschuldige, Mom, ich bin
gleich wieder da …«

Ich verließ das Zimmer
ging halb die Treppe runter
setzte mich, hielt mich am
Geländer fest und
atmete frische
Luft.

Die arme Frau.

Ich atmete tief durch
und es gelang mir, den
Brechreiz zu unterdrücken.

Ich stand auf, ging die
Treppe wieder hoch und
zurück ins Zimmer.

»Er hat mich mal in eine
Irrenanstalt eingewiesen.
Hast du das gewußt?«

»Ja. Ich hab denen gesagt
daß sie die falsche Person
dabehalten haben.«

»Du siehst elend aus, Henry,
fehlt dir was?«

»Mir gehts heut nicht
gut, Mom. Ich komm dich
morgen wieder besuchen.«

»Ist gut, Henry.«

Ich stand auf, machte die
Tür hinter mir zu und
rannte die Treppe runter.
Draußen war ein
Rosengarten.

Ich ließ alles in die
Rosen pladdern.

Arme verdammte Frau …

Am nächsten Tag brachte ich
einen Strauß Blumen mit.
Ich stieg die Treppe hoch.
An der Tür hing ein Kranz.
Ich drückte trotzdem die
Klinke nieder.
Die Tür war abgeschlossen.

Ich ging die Treppe runter
und durch den Rosengarten
nach vorn zur Straße
wo mein Auto stand.

Zwei kleine Mädchen
sechs oder sieben Jahre alt
kamen auf dem Heimweg
von der Schule vorbei.

»Verzeihung, Ladies –
möchtet ihr ein paar
Blumen?«

Sie blieben stehen und
starrten mich an.

»Da …« Ich gab den Blumenstrauß
der größeren. »Mach ihn auseinander
und gib bitte die Hälfte
deiner Freundin.«

»Danke«, sagte sie. »Sie sind
sehr schön.«

»Ja, sind sie«, sagte die
andere. »Vielen Dank.«

Sie gingen weiter.
Ich stieg ins Auto.
Der Motor sprang an
und ich fuhr zurück
zu meiner Bude.

SELTSAME VÖGEL

Die Girls waren jung
und schafften auf der
Straße an
doch oft konnten sie sich
keinen Freier angeln
und landeten in
meinem Hotelzimmer;
mit Haarsträhnen im Gesicht
und Laufmaschen in den Strümpfen
pichelten sie Wein
fluchten und
erzählten Geschichten ...
irgendwie waren es
friedliche Nächte;
aber Tatsache ist
daß ich an etwas aus
meiner Kindheit
denken mußte –
an die Kanarienvögel
meiner Großmutter
die in ihr Futter
und ihr Wasser
kackten – wunderschöne
Kanarienvögel
die quasselten
aber nie
sangen.

DER BESTE FREUND

Zur Marschmusik der Ratten
schleppte ich meinen Pappkoffer
von Pension zu Pension. Immer
war es entweder zu heiß oder
zu beschissen kalt.

Die jungen Damen schwärmten
für die Krieger des Dollars
und ich schleppte den Pappkoffer
durch Texas, Arizona, Louisiana,
Georgia, Florida, South Carolina.

Ich war plemplem
ich war auf Trebe
kniff vor der nahe-
liegenden Einsicht
dröhnte mich mit
Gin voll
auf verdreckten Matratzen
im Niemandsland;
selbst meine Wanzen
wurden Alkoholiker.

Ich schmiedete Selbstmord-
pläne und versagte;
das Ende vom Lied waren
mickrige Handlangerjobs
die Stunden wie Zielscheiben
in Fetzen geschossen
von jemand, den es
kalt ließ; von jemand
der schlauer war
als ich.

Ich konnte keinen Gott
bitten, mich da raus
zu holen, aber
Gott, was leerte
ich Flaschen –

Hunderte und Aber-
hunderte von
Flaschen gingen
im Niemandsland
den Bach runter.

Ihr könnt gegen Alkohol
sagen, was ihr wollt
aber ohne ihn
hätte ich sie nie
verkraftet, diese Vorarbeiter
mit den Rattenaugen und
der fliehenden Stirn;

und die Kollegen, die sich
zufriedengaben mit
Feiertagen und
Gruppenversicherung –
die buchstäbliche Sklaverei
von Menschen, die
nicht wußten
daß sie Sklaven waren
und sich wahrhaftig
für Auserwählte
hielten.

Der Flasche allein
und all den Flaschen
verdankte ich es
daß ich durchhielt.

103

Jeden Tag träumte ich
vom Feierabend:
wenn ich wieder in
mein Zimmer komme
die Schuhe ausziehe
mich aufs Bett lege
den Schraubverschluß
der Flasche aufdrehe
mir den ersten guten
Hit reinziehe
die Fäulnis und
den Zerfall von mir
abfallen lasse
mir eine Zigarette
anzünde, meine vier
Wände genieße und
das Licht des Mondes
das durchs Fenster dringt.

Ich inhalierte das
dreckige Spiel und
pustete es alles aus;
dann wieder der Griff
zur Flasche –
kein schwaches
Argument, sondern
ein starkes; den
herrlichen Hit nehmen
und die Flasche
wieder abstellen:

Jeder sucht
seine Chance
auf seine
Art.

FLETCHER UND DAS LUDER

Fletcher war eine Nervensäge. Dauernd
erzählte er mir, wie intelligent er sei.
Ohne ihn hätte ich es vielleicht nie
geschafft, den Job zu kündigen.

Fletchers Schicht begann zwei Stunden
nach meiner, und wenn er reinkam
grinsten die Jungs und sagten lachend:
»Hey, Hank, da kommt dein
Kumpel Fletcher!«

Fast jeden Abend war es dasselbe: Er war
»intelligent«, er war »beliebt« bei den
Damen, er konnte richtig »austeilen«.

Ich lebte mittlerweile mit einer Frau
zusammen, die soff und fremdging.

Die Nachtschichten wurden zu Jahren
und Fletcher war noch immer da. Ich
war ein einziges Nervenbündel, ich konnte
den Kopf nicht mehr drehen, und wenn man
mich irgendwo anfaßte, schossen Schmerzen
wie Starkstromschläge durch
meinen Körper.

Ich aß schlecht
bekam zu wenig Schlaf und
trank schwer, um es mit
dem verrückten Whisky-Luder
auszuhalten.

Eines Nachts (während die
Jahre vergingen) schrie mir Fletcher
ins Ohr: »Ich bleib hier nicht mehr
lange! Ich bin einfach zu
gottverdammt *intelligent*!«

Doch ein weiteres Jahr verging, und
Fletcher war immer noch da. Und das
Irrenhaus-Luder konnte keinen
anderen Trottel finden, der ihr
Unterkunft, Verpflegung und
Sprit gab.

In winzigen Atempausen, die sich
in dieser Hölle ergaben, kämpfte ich
einen kleinen Abwehrkampf, der
zu nichts führte; doch ich
wußte – wie ein Mann, der sich
mit einem verbogenen Löffel durch eine
Zementmauer baggern will –
daß auch ein kleiner Kampf noch
besser ist als Aufgeben; es
hält das Herz
am Leben.

An einem seltsamen Morgen ließ ich
das Luder sitzen. Ich warf mein
bißchen Zeug auf den Rücksitz
meines zehn Jahre alten Autos,
sagte »Behalt die Wohnung; ich hoffe
dein Arsch hat Glück« und
fuhr weg.

Im Hauptpostamt füllte ich das
Kündigungsformular aus und
sagte keinem was davon, doch
bald wußte es der ganze Bau –
hundert Postler, plus
Direktion und Aufpasser.
In der letzten Nachtschicht
saß Fletcher neben mir, war
endlich still geworden
aber nicht
ganz:

»Scheiße, was willst du jetzt
machen, Hank, in deinem
Alter ...?«

»Ich denk mir schon
was aus ...«

Auch alle anderen hielten mich
für verrückt, und als ich in jener
letzten Nacht zum letztenmal
aus der Tür ging und Fletcher
und die hundert Mann zurückließ,
hatte ich noch meine Beine, Finger,
Augen ... das meiste an mir
funktionierte noch; ich
stieg in meinen Wagen
und fuhr weg.

Als ich in mein Apartment kam,
war es fünf Uhr morgens. Ich
zog mich aus bis auf die Unter-
hose, machte einen halben Liter
Scotch auf, trank
den ersten Schluck
gleich aus der Flasche
– einen herzhaften
Schluck, ein wahres
Wunder.

Dann einen Schluck auf Fletcher,
einen auf das Luder mit dem
üblen Mundwerk und dem
verflixten Arsch, und dann
trank ich auf den alten
Mann – diesen hier
der endlich gelernt hatte
sich was Gutes
zu tun.

DER GROSSE SCHLAMPER

Ich war von Natur aus schlampig
lag gern im Unterhemd (voller
Flecken, versteht sich) (und mit
Zigarettenlöchern) auf dem Bett –
Schuhe aus, Bierflasche
in der Hand – und versuchte
eine harte Nacht abzuschütteln;
eine Frau war vielleicht
auch noch da, ging auf und ab
beschwerte sich über
dies und jenes, und ich
rang mir einen Rülpser ab
und sagte: »Was, es paßt
dir nicht? Dann schaff doch
deinen Arsch hier raus!«

Ich fand mich richtig
gut, war ganz verliebt in
mein verschlamptes Ich, und
sie anscheinend auch:
Immer verließen sie
mich, doch beinah jedesmal
kamen sie wieder.

KLARE ABGRENZUNG

Ich rede, sagte er, von bekehrten Alkoholikern;
sie waren hier, ich habe gesehen, wie ihr Fleisch
vergilbt, ihre Augen rausfallen, ihre Seele
schlapp und öde wird; dann fangen sie an
zu reden: Sie hätten sich nie besser gefühlt
ihr Leben hätte jetzt einen richtigen Sinn, kein
Kater mehr, keine Frauen, die sie verlassen, keine
Scham- und Schuldgefühle, es sei wirklich
toll, wirklich ganz toll.

Aber ich kann es nicht erwarten, daß sie wieder
gehen, sie sind grauenhafte Menschen,
selbst wenn sie über den Teppich gehn
hinterlassen ihre Schuhe keine Abdrücke
als wäre überhaupt niemand da.

Dann kommen sie auf Gott zu sprechen, ganz
dezent, verstehst du, sie wollen
dich ja nicht drängen, aber …

Ich versuche in ihrer Gegenwart nicht
zu trinken, ich will sie nicht
zur Rückkehr nötigen
an jenen üblen Ort.

Endlich gehen sie …
und ich geh in die Küche
gieße mir ein Glas ein
trinke es halb aus
betrachte grinsend
die andere Hälfte.

Ich habe noch keinen Bekehrten getroffen
der ein Profi-Trinker der Güteklasse A
gewesen wäre; sie haben nur herum-
probiert, daran genippt ...
Ich saufe seit fünfzig Jahren und habe
schon mehr Sprit getrunken als sie
Wasser; was sie blöde, benebelt und
sturzbetrunken macht, trink ich
zum Abgewöhnen.

Manche versagen einfach in allem
und was ich hier meine, sind
bekehrte Alkoholiker. Man
kann nicht von etwas runter sein
wenn man nie richtig drauf war.

Eins macht sie alle so öde und
grauenhaft: Selbst wenn sie damit
aufgehört haben, behaupten sie
immer noch, sie wären
Alkoholiker.

Der wahren Trinkergemeinde ist das
Anlaß zu größtem Verdruß: Wir haben uns
diesen Platz verdient, fühlen uns würdig
und geachtet in unserer Stellung, würden uns
lieber nicht vertreten sehen von falschen
Fuffzigern – man kann
nicht aufgeben, was man
nie hatte.

VIERTELMEILENRENNEN, HOLLYWOOD PARK

Die betuchten Weißen sind abgewandert
nach Del Mar im Süden
und von den übrigen haben die meisten
Angst, auf Abendveranstaltungen einer
Rennbahn zu gehen, die im
schwarzen Viertel der Stadt liegt.

Trotzdem drängt sich eine Menschenmenge
auf kleinem Raum, die Schlangen vor den
Wettschaltern sind lang, die Schwarzen
die Salvadorianer, Mexikaner und Asiaten
in ihren alten Sachen stehen
geduldig an, sie sind an Warten
gewöhnt, warten ist für sie nichts
Besonderes und wetten auch nicht; einer
von den Angestellten hat mal zu mir
gesagt: »Die wetten einfach
blind, denen ist alles egal.«

Nichts weiter dabei, Kumpel. Such dir
einfach ne Zahl aus.

Der Totalisator spinnt
und die Pferde auch:
Entweder siegt ein Favorit
mit dürftiger Quote oder
ein abwegiger Außenseiter.
Es gibt kein smartes Geld
nur *armes* Geld, und
das meiste wird in
Zwei-Dollar-Exacta-Wetten
verheizt.

Niemand gewinnt. Auf allen
lastet eine stumme Agonie:
Das Geld wird dringend
zuhause gebraucht; hier
zerrinnt es und verpufft –
der Traum verstümmelt,
niedergeknüppelt; und während
die Rennen gelaufen werden
liegt eine Mordswut in der
Luft – man kann sie
spüren, man kann sie
riechen …

Die Weißen gehn schon
vor dem Ende, sie wollen nicht
im Dunkeln über den Parkplatz
laufen. Ich weiß, daß sie
vorzeitig gehen, weil ich
selbst dazugehöre – ich habe
mein Messer mit der 15-Zentimeter-
Klinge in der Tasche und denke
an einen gewissen Abend
als es meinen
alten
weißen Arsch
gerettet hat.

Nichts macht einem so bewußt
wie die Viertelmeilenrennen von
Hollywood Park, wo das Geld
noch immer ist:
Das Geld ist nicht grün
das Geld ist weiß
und die paar Weißen

haben Angst, weil sie
noch immer was
zu verlieren haben.

Sicher, es gibt arme
Weiße und wird sie immer
geben, aber die kennen wir;
das ist kein
Problem.

Was die andern angeht:
Nichts weiter dabei, Kumpel –
such dir einfach
ne Zahl aus.

WAS WUNDER, WENN ALLES KLICKT

Wenn du bei den
Viertelmeilenrennen
in Hollywood Park

um fünf Uhr nachmittags

im Erdgeschoß des
Pavillons sitzt

hast du den
Eindruck, die
Bahn sei
über dir

und im
seltsamen
Licht, halb
Schatten
halb Sonne

wirken die
bunten Seiden-
blousons
wie frische
Farbe auf
Leinwand

und die
Gesichter
der Jockeys

haben etwas

Heroisches.

Dann
friedlich
wie ein
Traum

ein
perfektes
Zielfoto.

Solche
kleinen
Augenblicke

halten einen
am Leben.

Solche kleinen
Augenblicke –

so
groß

wenn
alles
zusammen-
kommt

und

hält.

DIE GUILLOTINE

Ich kenne meinen schwarzen Freund
aus der Zeit, als wir beide
in der gleichen Tretmühle schufteten;
jetzt sehe ich ihn ab und zu
auf der Haupttribüne der Rennbahn –
er sitzt allein und tüftelt schwer
an der *Racing Form* (die ich vor
langer Zeit schon sausen ließ
als mir auffiel, daß fast alle
eine hatten und fast alle
verloren). Letzten Sonntag jedenfalls
sah ich ihn wieder. »Hallo, Roy …«
»Hallo, Hank …«
»Für mich macht es die Neun«
sagte ich.
»Möglich«, meinte er. »Aber ein Gaul
siegt garantiert *nicht* …« Er sagte
es sei die Vier.
Die Vier notierte mit 3/1. Ich
stornierte mein Ticket für die Neun
und ließ mir eins für die
Vier geben, ging raus und
sah mir das Rennen an.
Die Vier lief tatsächlich
auf den letzten Metern noch
einen Sieg heraus.
Das ist mein System: Jemand
macht ein Pferd schlecht
und ich setze darauf. Besser
als jede *Racing Form*.

Früher ging ich oft mit einer Freundin
auf die Bahn; ich achtete bei jedem Rennen
auf ihre Wette – wenn sie auf den Favoriten
setzte, nahm ich den zweiten Favoriten;
wenn sie auf den zweiten Favoriten setzte
nahm ich den ersten; wenn sie den dritten
Favoriten wettete, setzte ich auf den zweiten.
Die ganze Zeit, als ich mit ihr zur Bahn ging
verlor ich nur ein einziges Mal.
Sie gewann nie.
Es ärgerte sie so
daß sie sich von mir
trennte.

Letzten Montag war St. Patrick's Day
und vor mir in der Schlange stand eine
kleine alte Dame ganz in grün. Das Feld
bestand aus sechs Pferden, und ich hörte zu
wie sie ihre Wetten plazierte: 2 Sieg auf die
Eins, 2 Platz auf die Zwei, 2 Show auf
die Vier, 2 Show auf die Fünf und
2 Sieg auf die Sechs.
Die Drei ließ sie aus, und die
Drei war ein Außenseiter, 11 für 1.
Ich setzte 5 Sieg auf die Drei
und das Pferd siegte mit
zweieinhalb Längen.

Vielleicht nennt ihr mich jetzt
einen Geier, der sich am Hirn von
Verlierern mästet, aber es kostet sie
keinen Pfennig extra, und verlieren
werden sie sowieso. Jeder
kann verlieren, das ist keine Kunst;
Verlierer sind auch nicht tapfer
sondern nur dumm.

Ich kannte mal einen, der rannte
immer durch meine Wohnung: »Scheiße
schon wieder verloren! Jeden
gottverdammten Cent!«
Er hatte jede erdenkliche Ausrede
für seine Verluste, aber am
Endergebnis kann nichts
etwas ändern.

»Setz dich hin«, sagte ich immer
»und trink was.«

Dann goß ich ihm aus meiner teuren
Halbliterflasche Scotch was ein
und er hockte da, die Haare hingen
ihm ins Gesicht, seine dreckigen
Socken stanken, an seinem Hemd fehlte
da und dort ein Knopf, und er kippte
seinen Drink runter und war mit den
Lebenden und den Toten so fertig
wie ich.

MAN KENNT DAS

Ein schlechter Tag auf der
Rennbahn: Ich habe ein paarmal
danebengetippt, mehr aus
mentaler Schwäche
als sonstwas; es liegt
einfach daran, daß ich
abgekämpft bin.
Ein Spielerkollege
den ich schon lange
kenne, hat es einmal
»Todessehnsucht«
genannt.

Außerdem ist es ziemlich
heiß, der Smog legt sich
auf alles – die Pferde
die Zuschauer, den
Totalisator – und ich
habe einen schlimmeren
Kater als
sonst.

Da stürzt einer auf
mich zu, ein Kerl mit einem
großen Pappgesicht, Glasaugen
und einer Megaphon-
Stimme:

»Hey, Chuck! Wie läufts denn?«

Ich kenne ihn nicht
aber ich sage: »Nicht

so gut ...« Dann
dreh ich mich um
und gehe weg.

»Nicht so gut Chuck, hm?«
höre ich ihn hinter mir.

Na, irgendwo
überm Regenbogen
fliegen Amseln
und ich hoffe, sie
scheißen ihn
zu.

DER VIELLEICHT NICHT

Neulich stand ich am
Wettschalter in der Schlange
da fragte mich der
Mann hinter mir:
»Sind Sie nicht Henry
Chinaski?«

»Mhm«, antwortete ich.

»Ich mag Ihre Bücher«,
setzte er nach.

»Danke«, sagte ich.

»Auf wen tippen Sie im
nächsten Rennen?« fragte er.

»A-ah«, wehrte ich ab.

»Ich tippe auf die Vier«
teilte er mir mit.

Ich plazierte meine Wette
und ging zurück auf
meinen Platz.

Vor dem nächsten Rennen
stehe ich Schlange, und
hinter mir ist wieder
derselbe Mann.
Es gibt mindestens
fünfzig Schalter, wo sie

anstehen, aber er
muß ausgerechnet in
meiner sein.

»Ich glaube, in diesem Rennen
entscheidet der Endspurt«
sagte er zu meinem
Hinterkopf. »Das Geläuf
macht einen schweren Eindruck.«

»Hör'n Sie mal«, sagte ich
ohne mich umzudrehen, »auf der
Rennbahn von Pferden zu reden
ist der Todeskuß …«

»Was für eine Regel ist denn
das?« fragte er. »Gott macht
keine Regeln …«

Ich drehte mich um und
sah ihn an: »Der vielleicht nicht
aber ich.«

Nach dem Rennen stellte ich mich
wieder an. Ich schaute über die
Schulter nach hinten: Er war
nicht da.

Wieder einen Leser
verloren.

Ich verliere jede Woche
zwei oder drei.

Auch gut.

Sollen sie doch
zurück zu
Kafka.

ZUVIEL

Brawley war ein guter
Kerl, normal wie eine
Heizdecke, dann kam er
in die Jahre, das Älter-
werden machte ihm Sorgen
er stopfte sich Vitamin-
tabletten wie Erdnüsse rein

wenn ich in seine Wohnung kam
lagen überall Hanteln
herum

er pumpte und pumpte
Eisen

und bei jedem Besuch
fiel mir auf, daß er
verquollener und
blauer wurde:

ein metallischer
Klump

seine Augen
zogen sich
in die Höhlen
zurück

sein Lächeln
verzog sich
wie Gummi-
band

er schmierte
sich ein
stellte sich
vor Spiegel

ich erkannte ihn
nicht mehr
wieder

er pumpte und
stemmte einfach
drauflos

posierte und
posierte vor
Spiegeln.

»Solltest du auch
machen«, sagte er
zu mir. »Ich fühl
mich wie neu-
geboren.«

»Bis später«,
sagte ich.

Wenn mich heute
einer fragt: »Brawley
mal wieder gesehn?«

sage ich: »Nee,
eigentlich nicht.«

Dann wenden wir uns
einem interessanteren
Thema zu

z. B. dem
nuklearen
Winter.

DIE HÖLLE IST EIN EINSAMER ORT

Er war 65; seine Frau
war 66 und litt an der
Alzheimerschen Krankheit.

Er hatte Mundkrebs.
Eine Operation nach der
anderen; Strahlenbehandlung
zerrüttete seinen Kieferknochen
der mit Draht verstärkt
werden mußte.

Jeden Tag wickelte er
seine Frau wie ein
Baby mit Gummi-
höschen.

Er konnte in seinem Zustand
nicht Auto fahren, mußte sich
ein Taxi zur Klinik nehmen
konnte kaum noch reden
mußte das Fahrziel
auf einen Zettel
schreiben.

Bei seinem letzten Besuch
teilten sie ihm mit
daß eine weitere Operation
nötig war: Noch ein
bißchen linke Wange
noch ein Stück
Zunge.

Als er nach Hause kam
wechselte er seiner Frau
die Windeln, schob zwei
Fertiggerichte in den
Ofen, sah sich die
Abendnachrichten an.
Dann ging er ins
Schlafzimmer, nahm
den Revolver, setzte den
Lauf an ihre Schläfe
und drückte ab.

Sie fiel nach links.
Er setzte sich auf die
Couch, schob sich den
Lauf in den Mund,
drückte ab.

Die Schüsse fielen den
Nachbarn nicht auf –
später aber das
angebrannte Essen.

Jemand kam, stieß die
Tür auf, sah
es.

Bald kam die
Polizei, machte ihre
Arbeit, fand einiges:
Ein aufgelöstes
Sparbuch, einen
Kontoauszug mit einem
Guthaben von $ 1,14.

Selbstmord –
schlossen sie
daraus.

Drei Wochen danach
zogen zwei neue
Mieter ein:
Ein Computer-
Ingenieur namens
Ross
und seine Frau
Anatana
die Ballett-
unterricht
nahm.

Offenbar ein
aufstrebendes
Paar wie
viele.

ABWEICHLER

An jenem Abend
war er nackt
auf den Freeway
gefahren
hatte einen
Platten
bugsierte den
Wagen auf die
Standspur und
fing an, den Reifen
zu wechseln.

Es führte zu
einem Stau von
beachtlichen
Ausmaßen; so
schlimm, daß die
Autobahnpolizei
kaum durchkam.

Er war gut –
machte den Reifen
ab, den Ersatzreifen
dran, sprang rein
und war über die
nächste Ausfahrt
verschwunden, ehe
sie ankamen.

Ein braver
Bürger nannte
ihnen das Kenn-

zeichen, und
die Fahndung
ging raus.

Zwei Stunden
später
wurde der
Wagen vor
einem gut-
bürgerlichen
Friedhof
gesichtet.

Die Durch-
suchung
verlief
ergebnislos:
Nichts als
Tote.

Von dem
Fahrer
keine
Spur.

Der Wagen
war ge-
stohlen.

Es gibt
allerhand
Sorten von
Spinnern –
und manche
haben mehr

Talent
als die viel
zu vielen
braven
langweiligen
Normalen.

HOWIE

Mein Freund Howie hatte mit Frauen mehr Pech
als die meisten; schließlich heiratete er eine
sie bekamen ein Baby, und zwei oder drei Jahre
ging alles gut; auf einmal
ging seine Frau dazu über, bis drei
oder vier Uhr morgens
wegzubleiben.
»Wo warst du?« fragte er, und sie sagte: »Er
zeigt seine Gefühle, er redet mit mir, du
redest nie mit mir, du bist so fad …«
Howie fand heraus, wer der Kerl war – ein junger
Bursche, der bei seiner Mutter wohnte und sich
für Kunst interessierte.
Howie arbeitete dreizehn Stunden am Tag
um das Haus abzustottern, und seine Frau
schlug sich die Nächte um die Ohren.
Eines Nachts, als sie nicht weggegangen war
rief der Bursche morgens um halb vier an
und Howie nahm ab.
»Ich möchte mit Jane reden«, bekam er
zu hören. Howie gab den Apparat
an seine Frau weiter. Bald danach
sagte sie zu Howie: »Wenn ich mit dir schlafe
denke ich an ihn.«
»Jetzt reichts«, sagte Howie.
Die Scheidung ging über die Bühne.

Neulich abends war er mit seiner Neuen hier;
sie sieht ganz gut aus, ist aber
gehbehindert und braucht einen Stock.
Wir saßen herum und tranken und redeten
aber sie trank nicht mit, und Howie

hockte nur in dem Sessel, den ich
seinetwegen dastehen habe – er ist sehr
korpulent – und trank und trank und rauchte
seine Zigarren, er sah nicht viel anders aus
als sonst und redete von den gleichen Dingen
aber als wir einige Stunden getrunken hatten
sagte er: »Mir ist alles egal. Ich reg mich
nicht mehr auf. Es läßt mich einfach
kalt.«

Als sie gingen, sah ich zu, wie Howie seinen
großen Lieferwagen mit Karacho aus der
Einfahrt raussetzte. Seine Freundin saß
stocksteif neben ihm. Hinter der
Windschutzscheibe sah ich seine
Zigarre glühen. Ich weiß nicht, was ihm
durch den Kopf ging, aber es tat mir
so weh, als wäre alles
mir passiert.

BIS ZUM LETZTEN ATEMZUG

»Was du hast, kann ich nicht
gebrauchen, und was ich brauche
das hast du nicht«, sagte sie
zu ihm.

Er zog sich an, setzte sich in
sein Auto und fuhr durch die
nächtlichen Straßen.
Was ich habe, dachte er
das brauche ich. Tatsache ist
ich brauch es
jeden Tag
mehr.

Er parkte vor der Bar
ging rein
trank einen Whisky und
ein Bier hinterher
dann ging er zum Münz-
telefon und
wählte die
Nummer.

»Hallo«, meldete
sie sich.

»Hallo«, sagte er, »ich
komm nicht
zurück.«

»Und deine Kleider?«

»Kannst du weg-
schmeißen.«

Er legte auf
ging zu seinem
Barhocker und
bestellte noch mal
dasselbe.

»Wie läufts?« fragte
der Barkeeper.

»Wie immer«
antwortete
er.

»Nichts Neues, hm?«

»Nein.«

Der Barkeeper
ging weg.

Er betrachtete seinen
Whisky und dachte:
Alter Freund, du wirst
vielleicht mein
Tod sein, aber
du hast, was ich
brauche.

Er lächelte und
wartete es
ab.

SELTSAM STARKE KÄUZE

Du siehst sie nicht oft;
sie sind nie dort
wo die Menge ist.

Diese Sonderlinge. Es
sind nicht viele
doch von ihnen
kommen die
paar guten
Bilder, die
paar guten
Sinfonien
die paar guten
Bücher und
anderen Werke.

Und von den
besten Sonderlingen:
vielleicht
gar nichts.

Sie sind
ihre eigenen
Bilder
ihre eigenen
Bücher
ihre eigene
Musik
ihr eigenes
Werk.

Manchmal glaube ich
einen zu sehen – etwa
einen alten Mann
der in einer
bestimmten Haltung
auf einer Bank
sitzt.

Oder ein flüchtig
gesehenes Gesicht
in einem vorbei-
fahrenden
Auto.

Oder das gekonnte
Hantieren einer
Hilfskraft, die
an der Supermarkt-
kasse die Sachen
eintütet.

Manchmal
ist es sogar jemand
mit dem man
schon länger
zusammenlebt –
man merkt es
an einem blitz-
schnellen Blick
den man noch nie
gesehen hat.

Manchmal
werden sie dir
nur noch als

plötzliche, lebhafte
Erinnerung bewußt –
Monate, Jahre
danach.

Ich erinnere mich
an so einen:
er war zwanzig
und starrte morgens
um zehn in New Orleans
betrunken in einen
gesprungenen
Spiegel –

Das Gesicht eines
Träumers vor
den Mauern
der Welt.

Wo
bin ich
geblieben?

BIS ZUM BITTEREN ENDE

Tolstoi hatte eine
streitsüchtige Frau
und an einem bitter
kalten Abend
als sie wieder mal
über ihn herzog
verließ er das Haus
um ihr zu entgehen
und holte sich
die Lungenentzündung
die sein Tod war.

Und sie
schrieb dann ein
Buch darüber
was für ein
Drecksack er
war.

DIE LEITER RAUF

Mein zukünftiger Verleger
fand mich eines Tages;
ich war ein Haufen menschlicher
Schrott und saß zwischen
Bierdosen und Whiskyflaschen
in einer ausgebombten
Hüttensiedlung in
East Hollywood.

Er machte einen gut-
gewaschenen, anständigen
Eindruck, wollte weder
Scotch noch Bier und fragte:
»Haben Sie Gedichte?«

Ich trank meine Dose Bier aus,
warf sie auf den Teppich,
rülpste, wies auf die Tür
des Wandschranks.

Er machte sie auf. Ein
Berg von Papier rutschte
heraus, unzählige Seiten
die ich da reingeworfen,
gestopft und gestapelt hatte.
»Das haben Sie alles
geschrieben?« fragte er.

»Kürzlich, ja«,
sagte ich.
Er lächelte und

steigerte sich
in einen Leserausch hinein.

Weiter hinten im
Wandschrank lag
gut versteckt eine
Schaufensterpuppe
die ich beim Trödler
erstanden hatte.

Sie hieß Sadie und
war eine heiße
Nummer …

Nach einer Stunde oder so
brach mein Besucher auf
und nahm massenhaft
Gedichte mit.

Zwei Wochen später
rief er an, wollte das
eine oder andere von mir
als Sonderdruck veröffentlichen;
ein Scheck, sagte er, sei
unterwegs.

»Übrigens, haben Sie auch
so was wie einen Roman?«
fragte er.

»Ich hau Ihnen schnell
einen raus«, versprach
ich ihm.

Ich fing gleich am
Nachmittag damit an;
und am späten Abend
machte ich mit Sadie eine
Spritztour, ließ sie hinter
einem Altersheim liegen
fuhr wieder nach Hause und
trank einen doppelten Scotch
auf mein neues Leben.

Sadie hatte eine
Lücke gefüllt
aber als Profi-
Schreiber hatte ich
wenig Verlangen
nach derartigen
Mätzchen ohne
Nährwert …

Es dauerte nicht lange
und die richtigen Sadies
gaben sich bei mir die
Klinke in die Hand;
keine war so nett und
friedfertig wie das
Original, auch nicht
so leicht wieder
loszuwerden und
zu vergessen, aber
es ließ sich natürlich
viel leichter über sie
schreiben, und das
tat ich auch.

GESELLSCHAFT

Céline schaut mich
von seinem Foto an.
Er ist unrasiert.
Sieht aus wie ein
Perverser im Film.
Die Augen sehen
durch Wände, durch
Wälle von Leibern.

Es tut gut, das Foto
von Céline anzusehen
wenn hier mal wieder
alles schiefgeht.

Ich sehe ihn heute
abend an

sehe sein Gerippe
tanzen:

Der Doktor aus
dem Hades.

DIE GUTE ALTE MASCHINE

Ich war fünfzig, als mich dieser Mensch
dem Arbeitsmarkt entzog, damit ich
Tag und Nacht herumsitzen
und schreiben konnte. Er
sicherte mir einen monatlichen Betrag
auf Lebenszeit zu, egal
was passierte.
Nicht, daß es soviel war
aber es war
Geld.

Und seine Ermutigung
(etwas, womit ich nicht gerade
verwöhnt war) gab mir
wirklich enormen
Auftrieb. Zumal er
einen Verlag hatte.

Er kaufte mir sogar
eine große Schreibmaschine
auf der ich hämmern konnte;
eine wunderbar robuste
altmodische Maschine
(und Tütchen voll
Briefmarken schickte
er mir auch – noch so
eine nette Geste)
und ich saß in meiner
Unterhose da, trank
Scotch und Bier und
tippte drauflos.

Eines Nachts, ich glaube
so gegen halb drei,
ging überhaupt nichts mehr;
also rief ich meinen
Wohltäter an:

»Hey, die Tasten klemmen!
Mit der beschissenen Maschine
stimmt was nicht!«

»Paß auf«, sagte er, »die Maschine
ist in Ordnung, du mußt dir nur
ein Gefühl für Rhythmus
zulegen …«

»Die beschissene Maschine
taugt nichts!« brüllte ich
und legte auf.

Na, am nächsten Tag und
in der Nacht kam ich
dahinter, daß er
recht hatte:

Die Maschine funktionierte
sehr gut; so gut sogar
daß aus den milden Gaben
die er schickte
Honorare wurden.

Und vierzehn Jahre danach
ging die Maschine immer noch
aber ich wurde etepetete
und erstand eine elektrische
die ich jetzt benutze;

darauf bin ich schneller
(wenn nicht besser)
und die alte Maschine
steht im Erdgeschoß auf dem
Schreibtisch meiner Frau;
manchmal vergesse ich sie ganz
doch es gibt Zeiten
wie heute abend
da denke ich an diese
ruppige Maschine und
das Glück, das wir beide
hatten; aber am meisten
erinnere ich mich an
jenes Telefongespräch
morgens um halb drei
als ich mich beschwerte
daß die Tasten klemmen.

Als Dankeschön macht das
nicht grade viel her.

Schriftsteller, mein Freund
können eben manchmal
nur schreiben.

RED

Er hat eine Buchhandlung
gleich hinterm Hollywood
Boulevard; der Teil von
Hollywood ist mittlerweile
fast ein Elendsviertel
die minderjährigen Stricher
die abends durch die Straßen
laufen, die harten Girls, die
Schwarzen, die verstörten Kinder
aus kaputten Familien
haben Angst, sind hilflos und
gemein und dumm; nur Musso's
und Frederick's of Hollywood haben
sich noch halten können, aber
auch Red ist da, der schlaue
alte Brooklyn Red. Henry Miller
sagte mal zu ihm: »Red, wo
kriegst du bloß meine ganzen
gottverdammten Bücher her?«

Red hat die größte Sammlung von
Chinaski-Büchern in der Stadt,
vielleicht im ganzen Land; sie
stapeln sich auf seinem Tisch
seltene Exemplare hat er unter Glas
und dann führt er mich
ins Hinterzimmer: Da
stehen kistenweise
Chinaski-Bücher.

»Mein Gott, Red, hoffentlich
bleibst du nicht drauf sitzen!«

»Ich nehm auf Lager, was
ich mag …«

Red kennt die Szene
er schließt so gegen vier
oder halb fünf, wenn die Straßen
häßlich werden, aber nicht real
nur inhuman und ungerecht.
Um fünf ist er daheim
bei Mina. Vielleicht
essen sie zuhause
vielleicht gehen sie
zu Canter's.
Der kluge alte Brooklyn Red.
Er hat mehr gesehen
als er zugeben möchte.

Paris ist inzwischen tot
und Henry Miller auch
aber da unten im
runtergekommenen Teil von
Hollywood, wo nur noch
Musso's und Frederick's
geblieben sind
gibt es noch immer
ein bißchen vom alten
Paris
und eine
beachtliche Portion
Klasse:

Red Stodolsky.

TAGE UND NÄCHTE

Im dichten, zähen Verkehr
fahre ich den Century Boulevard
runter, habe auf der Rennbahn nur
Verlust gemacht, es ist
früher Abend, aber schon
recht dunkel, ich denke an
andere Dinge, die auch
fast sicheren Verlust
erwarten lassen, ich taste
auf dem Armaturenbrett nach
einer Zigarette und
lächle wie ein Idiot
in mich hinein: Es ist
noch nie gut gelaufen,
war vielleicht auch
nie so vorgesehen.

Ich mache den Glimmstengel an
der Verkehr stockt, der Stau
scheint schlimmer als
sonst, dann wird die Ampel
grün, ganz langsam geht es
weiter, und mir
fällt auf
daß vor mir alle
den Blinker nach links
gesetzt haben;
ich bin auf der rechten Spur
und die Wagen vor mir
schieben sich auf die
Überholspur –
ich schließe mich an

und zwänge mich
vor einem Fahrer rein
der haßerfüllt
nur zentimeterweise nachgibt.

Dann sehe ich den Grund
für unseren Verdruß –
etwas blockiert die
rechte Spur: Ein weißes Tuch
deckt einen Körper zu;
und seltsam, das Weiß
wird rasch von Blut
durchweicht.

Der Verkehr wird flüssiger;
in der Ferne höre ich
die Sirenen.

Ich komme zum Harbor Freeway
und nehme die Auffahrt nach
Süden, zwänge mich vor einem
anderen Wagen auf den Freeway
und wieder gibt der Fahrer
nur zentimeterweise
nach.

Das Autoradio ist auf KNX
eingestellt, ich habe noch eine
letzte Wette im neunten Rennen laufen –
wenn ich gewinne
gleicht es meine
ganzen Verluste aus.
Ich habe auf Green Fang
gesetzt.

Die Live-Reportage
wird wiederholt, als ich
gerade auf Höhe des
Imperial Freeway bin:

»Green Fang und
Tab Me gleichauf!
Und so gehen sie
durchs Ziel!«

»Totes Rennen! Wir
müssen das Ziel-
foto abwarten!«

Das Zielfoto
ergibt: Tab
Me.

Sonst tut sich eine
Weile nichts; dann
kurz vor der Gabelung von
San Diego Freeway und
Harbor Freeway North
ein Auto, das auf die Preller
zwischen den nord- und südwärts
führenden Fahrbahnen
geknallt ist.
Der Verkehr nach Norden
steht; der nach Süden
ist sehr zäh.
Jetzt bin ich auf gleicher
Höhe, sehe den Wagen, am
Zement geborsten.
Abschleppwagen, Ambulanzen
Streifenwagen überall.

153

Das Wrack wird von einem
großen Scheinwerfer angestrahlt.
Ein Mann mit Brecheisen
versucht die Fahrertür
aufzustemmen.
Zum Glück kann ich den
Fahrer nicht sehen.
Danach beginnt der Verkehr
wieder zu fließen.

Ich erreiche das Ende des
Freeway, biege links
in die Gaffey ein; der Verkehr
ist nicht mehr so dicht
aber immer noch
unangenehm.

Na, schließlich bin ich
zuhause, fahre die
Einfahrt rauf, stelle
den Motor ab, mache die
Scheinwerfer aus. Ich
steige aus, halte mich
nicht mit der Garage auf
und laß die Karre
einfach stehn.

Ich stecke den Schlüssel
in die Haustür und
gehe rein.

Meine Frau ist
da.

»Hallo« sage
ich.

Sie hat Depressionen.

DER LETZTE MENSCH

Meine Frau versteht
mich nicht.
Wenn wir im Auto
unterwegs sind, mache ich
manchmal einen entgegen-
kommenden Fahrer auf mich
aufmerksam und nicke
oder winke ihm zu.

Einfach, weil mir
danach ist.

»Du bist echt daneben«,
sagt sie dann.

Oder ich verwickle
den Kassierer im
Supermarkt in eine
Unterhaltung. Ich
lache, ich fuchtle
mit den Händen.

Wenn wir draußen sind
sagt meine Frau:
»Der Mann hatte keine
Ahnung, was das alles
sollte!«

Oder ich erzähle meiner Frau
einen Witz.
Wenn ich fertig bin
sagt sie: »Was *redest*
du denn da?«

»Das war ein Witz.«

»Ein *Witz*? Kein Mensch
auf dieser Welt käme *je*
auf die Idee, daß *das*
ein Witz war!«

Dann wirft sie den Kopf
zurück und lacht mich aus.

An öffentlichen Orten
wie Postämtern und Cafés
verständige ich mich mit
anderen oft per Nicken oder
Handzeichen, um anzudeuten
daß die Bedienung langsam
oder unmöglich ist; die
ganze Welt hat sich
gegen uns verschworen
und: Ach, zum Kuckuck,
man kennt das ja.

»Was *machst* du denn?
Laß das! Mit dir
kann man einfach
nirgends hin!«

Tja, ich hoffe, *ihr*
könnt mich verstehen
wenn ich euch sage
daß eine Ehefrau
der letzte Mensch ist
der einen Mann versteht;
es ist, als würde sie
in einen Spiegel schauen
aber so nahe dran
– die Nase plattgedrückt –
daß sie überhaupt
nichts sieht.

Und das ist kein Witz.

UNSTERBLICHER SCHLUCKSPECHT

Li Po, ich muß immer an dich
denken, während ich diese
Weinflaschen leere.

Du hast noch gewußt, wie man
die Tage und Nächte herum-
bringt.

Unsterblicher Schluckspecht
was würdest du anfangen
mit einer elektrischen
Schreibmaschine, wenn du
nach einer Fahrt auf dem
Hollywood Freeway nach
Hause kommst?

Was würdest du von
Kabelfernsehen halten?

Was würdest du zu den
atomaren Arsenalen sagen?

Zur Frauenbewegung?

Zu den Terroristen?

Würdest du dir jeden
Montagabend die Football-
Übertragung ansehen?

Li Po, unsere Irrenhäuser und
Gefängnisse sind überfüllt
der Himmel wird kaum noch blau

die Erde und die Flüsse
stinken nach unserem Leben.

Das Neueste ist:
Wir haben jetzt einen Anhaltspunkt
wo Gott sich versteckt hält
und wir werden ihn aus-
räuchern und ihn fragen:
»Warum?«

Na ja, Li Po, der Wein
schmeckt nach wie vor
und trotz allem ist noch Zeit
zum Alleinsein
und Nachdenken.

Ich wollte, du wärst
hier.

Paß auf, mein
Kater ist gerade
reingekommen und
in diesem betrunkenen Zimmer
in dieser trunkenen Nacht
sind jetzt zwei große
gelbe Augen und
starren mich
an

während ich von diesem
wunderbaren Rotwein
ein volles Glas
einschenke –

auf
dich.

DER PFLEGER

Ich sitze vor dem Röntgenraum
auf einem Blechstuhl, und der Tod
segelt auf stinkenden Flügeln
für immer und ewig durch die
Korridore. Ich erinnere mich
an den Hospitalgestank, als ich
ein Junge war, dann ein
Mann, und jetzt
als alter Mann
sitz ich auf einem
Blechstuhl und
warte.

Ein Pfleger kommt
ein junger Mann von 23 oder 24
und schiebt was vor sich her
das wie ein Korb voll
frischer Wäsche aussieht
aber ich traue dem Frieden
nicht.

Der Pfleger ist ungelenk
er ist nicht deformiert
aber die Beine machen sich
selbständig, als hätten
sie sich abgehängt vom
motorischen Zentrum
im Gehirn.

Er ist in blau, ganz in
blau gekleidet und
drückt und schiebt seine

Lieferung – ein linkischer
Little Boy Blue …

Dann wendet er den Kopf
und ruft der Sekretärin von der
Röntgenabteilung zu:
»Falls mich jemand sucht,
ich bin die nächsten
zwanzig Minuten in der
Sechs'nsiebzig!«

Das Rufen strengt ihn an
sein Gesicht wird rot
die Mundwinkel ziehen sich
nach unten wie bei einem
ausgehöhlten Kürbis an
Halloween.

Dann verschwindet er
durch eine Tür; wahrscheinlich
die Nr. 76.
Kein sehr einnehmender Bursche;
als Mensch längst abgestumpft
und nicht mehr zu retten.

Aber er ist
gesund

er ist gesund

ER IST GESUND!

DIE SCHWESTERN

Die Schwestern in dem Krankenhaus
in das ich seit einer Weile gehe
wirken alle zu dick; sie sind
unförmig in ihrer weißen Tracht;
Speck um die Hüften, um den
Hintern, die dicken
Waden.

Sie scheinen alle siebenund-
vierzig zu sein und kommen
breitbeinig daher wie die alten
Football-Verteidiger der
dreißiger Jahre.

Es hat den Anschein, als hielten sie
innerlich Abstand zu ihrem Beruf.
Sie tun ihre Arbeit, doch ohne
Bedürfnis nach Kontakt.

Ich begegne ihnen
in den Gängen
auf den Fluren –
sie sehen mich
nie an.

Ich verzeihe ihnen
ihren klobigen Gang
die Distanz, die sie
schaffen müssen
zwischen sich und
den Patienten.

Denn die Damen sind
wahrhaftig überfüttert:

Sie haben
zuviel Tod
gesehen.

LETZTER DRINK

Wie immer, so spät in der Nacht,
komme ich zum letzten Glas und
betrachte es mit besonders innigen
Gefühlen.
Meistens ist mir auf der Schreib-
maschine einiges geglückt
und das letzte Glas ist reserviert
für einen Toast auf die Götter
die mir das Glück gönnen.

Und heute nacht, ich meine
in diesen frühen Morgenstunden
kam mir zum erstenmal der
Gedanke: Letztes Glas? Und
wie stehts mit dem letzten
für immer?

Es wird dazu kommen.
Die Drinks läuten uns allen
heim.

Wie eigenartig, sich diesen Körper
vorzustellen, wie er daliegt und
nichts mehr trinken will ...
Ihr könnt es mir in den
Mund gießen und
nada ...

Chinaski?
Nee, der ist nicht zu den
Anonymen Alkoholikern, er
hat's einfach aufgesteckt,

von jetzt auf nachher –
bingo! Einfach so!

Ach ja? Aber wie kann er denn
schreiben? Hat doch immer
im Suff geschrieben.

Er schreibt nicht
mehr …

Da verließen sie ihn, wa? Dieser
Großkotz. Ich hab euch immer gesagt
der schummelt sich bloß durch.

Doch erst einmal diesen
Trunk auf die Götter …

Ich schaue in den nächtlichen
Morgen hinaus und zähle
8 Telefondrähte
69 Jahre
2 Bäume
und das ist
auch schon alles …

Ein halbes Glas noch übrig:
einen Schluck für die
Götter und einen
für mich …

so!

Was für ein Arrangement
welch ein Triumph;
die Wände hüllen mich ein

ich peile das Schlafzimmer an
umtost von Musik und
Freudengeschrei –
der perfekte
Letzte Drink
ein weiteres
Mal.

Charles Bukowski
Auf dem Stahlroß ins Nirwana

Gedichte
Titel der Originalausgabe:
The Last Night of the Earthpoems
Herausgegeben und übersetzt von Carl Weissner
KiWi 414

Voller Galgenhumor, knurriger Nachdenklichkeit und skurriler Vorstellungen über das Ende des Lebens sind Charles Bukowskis Gedichte wie immer ein Spiegel seiner Lebensumstände und Gefühle. Er schreibt über Hollywoodfilme und Frauengeschichten, über mehr oder weniger elende Jobs, über seine Lieblingsautoren und Kindheitserlebnisse. Und über die Liebe.

Charles Bukowski im dtv

»Seine Sauf- und Liebesgeschichten enthalten
mehr Zärtlichkeit als alle glanzpolierten
Liebesfilme zusammen.«
Frankfurter Rundschau

**Gedichte die einer schrieb
bevor er im 8. Stockwerk
aus dem Fenster sprang**
dtv 1653

Faktotum
Roman · dtv 10104

Pittsburgh Phil & Co.
Stories vom verschütteten
Leben
dtv 10156

Ein Profi
Stories vom verschütteten
Leben
dtv 10188

**Das Schlimmste kommt
noch oder
Fast eine Jugend**
Roman
dtv 10538

**Gedichte vom südlichen
Ende der Couch**
dtv 10581

Flinke Killer
Gedichte
dtv 10759

**Das Liebesleben der
Hyäne**
Roman · dtv 11049

Hot Water Music
Erzählungen
dtv 11462

Western Avenue
Gedichte
dtv 11541

Hollywood
Roman · dtv 11552

**Die Girls im grünen
Hotel**
Gedichte · dtv 11731

Roter Mercedes
Gedichte · dtv 11780

**Der Mann mit der
Ledertasche**
Roman · dtv 11878

Jeder zahlt drauf
Stories
dtv 11991

Ausgeträumt
Roman · dtv 12342

T. C. Boyle im dtv

»Aus dem Leben gegriffen und trotzdem unglaublich.«
Barbara Sichtermann

World's End
Roman · dtv 11666
Ein fulminanter Generationenroman um den jungen Amerikaner Walter
Van Brunt, seine Freunde
und seine holländischen
Vorfahren, die sich im
17. Jahrhundert im Tal
des Hudson niederließen.

Greasy Lake und andere Geschichten
dtv 11771
Von bösen Buben und
politisch nicht einwandfreien Liebesaffären, von
Walen und Leihmüttern...

Grün ist die Hoffnung
Roman · dtv 11826
Drei schräge Typen wollen in den Bergen nördlich
von San Francisco
Marihuana anbauen, um
endlich ans große Geld zu
kommen.

Wenn der Fluß voll Whisky wär
Erzählungen · dtv 11903
Vom Kochen und von
Alarmanlagen, von
Fliegenmenschen, mörderischen Adoptivkindern,
dem Teufel und der
heiligen Jungfrau.

Willkommen in Wellville
Roman
dtv 11998
1907, Battle Creek, Michigan. Im Sanatorium des
Dr. Kellogg läßt sich die
Oberschicht der USA mit
vegetarischer Kost von
ihren Zipperlein heilen.
Unter ihnen Will Lightbody. Sein einziger Trost:
die liebevolle Schwester
Irene. Doch Sex hält
Dr. Kellogg für die
schlimmste Geißel der
Menschheit...
Eine Komödie des Herzens und anderer Organe.

Der Samurai von Savannah
Roman
dtv 12009
Ein japanischer Matrose
springt vor der Küste
Georgias von Bord seines
Frachters. Er ahnt nicht,
was ihm in Amerika
blüht...

Tod durch Ertrinken
Erzählungen
dtv 12329
Wilde, absurde Geschichten mit schwarzem
Humor. Geschichten, die
das Leben schrieb.

Binnie Kirshenbaum im dtv

»Wer etwas vom Seiltanz über einem Vulkan lesen will,
also von den Erfahrungen einer kühnen Frau mit dem
männlichen Chaos, dem sei Binnie Kirshenbaum
nachdrücklich empfohlen.«
Werner Fuld in der ›Woche‹

Ich liebe dich nicht
und andere wahre Abenteuer
dtv 11888

Zehn ziemlich komische Geschichten über zehn unmögliche
Frauen. Sie leben und lieben in New York, experimentier-
freudig sind sie alle, aber im Prinzip ist eine skrupelloser als
die andere... »Scharf, boshaft und irrsinnig komisch.« (Pub-
lishers Weekly)

Kurzer Abriß meiner Karriere
als Ehebrecherin
Roman · dtv 12135

Eine junge New Yorkerin, verheiratet, linkshändig, hat drei
außereheliche Affären nebeneinander. Sie lügt, stiehlt und be-
gehrt andere Männer. Daß sie ein reines Herz hat, steht außer
Zweifel. Wenn sie nur wüßte, bei wem sie es verloren hat,
gerade. »In diesem unkonventionellen Roman ist von Skru-
peln keine Rede. Am Ende fragt sich der Leser amüsiert: Gibt
es eine elegantere Sportart als den Seitensprung?« (Franziska
Wolffheim in ›Brigitte‹)

Ich, meine Freundin und all diese Männer
Roman · dtv 24101

Die beiden Freundinnen Mona und Edie haben sich im Col-
lege kennengelernt und sofort Seelenverwandtschaft festge-
stellt. Sie sind entschlossen, ein denkwürdiges Leben zu
führen. Und dabei lassen sie nichts aus... »Teuflisch komisch
und frech. Unbedingt lesen!« (Lynne Schwartz)

John Steinbeck im dtv

»John Steinbeck ist der glänzendste Vertreter der
leuchtenden Epoche amerikanischer Literatur
zwischen zwei Weltkriegen.«
Ilja Ehrenburg

Früchte des Zorns
Roman
dtv 10474
Verarmte Landarbeiter
finden in Oklahoma kein
Auskommen mehr. Da
hören sie vom gelobten
Land Kalifornien...
Mit diesem Buch hat
Steinbeck seinen Ruhm
begründet.

**Der rote Pony und
andere Erzählungen**
dtv 10613

**Die Straße der
Ölsardinen**
Roman · dtv 10625
Gelegenheitsarbeiter,
Taugenichtse, Dirnen und
Sonderlinge bevölkern die
Cannery Row im kalifor-
nischen Fischerstädtchen
Monterey.

Die Perle
Roman
dtv 10690

Tortilla Flat
Roman · dtv 10764

Wonniger Donnerstag
Roman · dtv 10776

Eine Handvoll Gold
Roman · dtv 10786

**Von Mäusen und
Menschen**
Roman
dtv 10797

Jenseits von Eden
Roman
dtv 10810
Eine große amerikanische
Familiensaga – verfilmt
mit James Dean.

**Meine Reise mit
Charley**
Auf der Suche nach
Amerika
dtv 10879

**König Artus und die
Heldentaten der Ritter
seiner Tafelrunde**
dtv 11490

An den Pforten der Hölle
Kriegstagebuch 1943
dtv 11712

Antonio Tabucchi im dtv

»Tabucchi läßt Reales und Imaginäres ineinanderfließen
und webt ein Gespinst von ›suspense‹,
in dem man sich beim Lesen gerne verfängt.«
Barbara von Becker in ›Die Zeit‹

Der kleine Gatsby
Erzählungen
dtv 11051
Ein labyrinthischer Garten voll faszinierender Menschheitsrätsel. So zum Beispiel die Portugiesin Maria, die hinter dem Rücken ihres Mannes Familien exilierter Literaten hilft; ein von Selbstzweifeln geplagter Schriftsteller, der zum Ergötzen mancher Abendgesellschaft auswendig Fitzgeralds Romananfänge deklamiert; oder Ettore, der als Nachtclubsängerin Josephine rauschende Erfolge feiert.

Indisches Nachtstück
dtv 11952
Auf der Suche nach einem Mann, der auf geheimnisvolle Weise in Indien verschollen ist. Forscht der Autor nach seinem eigenen Ich oder nach einer wirklichen Person? Oder ist der Sinn des Suchens das Unterwegssein, die Reise?

Der Rand des Horizonts
Roman
dtv 12302
In der Leichenhalle wird ein junger Mann eingeliefert, der bei einer Hausdurchsuchung erschossen wurde. Spino macht sich auf die Suche nach der Identität des Fremden…

Erklärt Pereira
Eine Zeugenaussage
dtv 12424
Portugal unter Salazar. Pereira, ein in die Jahre gekommener, politisch uninteressierter Lokalreporter, hatte mit seinem Leben fast schon abgeschlossen. Doch dann gerät er unversehens auf die Seite des Widerstandes…

Kleine Mißverständnisse ohne Bedeutung
Erzählungen
dtv 12502
Von der Lust, Irrtümer, Unsicherheiten und unsinnige Sehnsüchte aufzuspüren und zu benennen.

Ilija Trojanow im dtv

»Urplötzlich wechselt er ins Phantastische oder Groteske. Er verwebt Orientalisches mit Westlich-Technischem, tobt sich im Detail aus, um dann zum kühnen Zeitensprung anzusetzen. Kurz: Er überrascht, wo er nur kann.«
Der Spiegel

In Afrika
Mythos und Alltag Ostafrikas
dtv 12284

»Afrika ist vielleicht der Teil der Welt, in dem es noch am meisten zu entdecken gibt.« Ein wunderschöner Bericht über Ostafrika, die Landschaft und Städte, aber in erster Linie über die Menschen dort. Ein Bericht, der sich durch gründliche Kenntnis und ein tiefgehendes Verständnis, vor allem aber durch ungebremste Begeisterung für den »dunklen Kontinent« und seine Möglichkeiten auszeichnet.

Autopol
in Zusammenarbeit mit Rudolf Spindler
dtv 24114

Sten Rasin mag das schöne neue Europa des 21. Jahrhunderts nicht. Doch bei der jüngsten Aktion seiner Widerstandsgruppe wird er geschnappt. Einmal zu oft. Er wird »ausgeschafft«, dorthin, von wo es kein Zurück gibt – nach Autopol, zu den anderen, die man draußen nicht will, vor denen man Angst hat. Aber Rasin ist kein gewöhnlicher Krimineller. Er ist Idealist, ein Kämpfer, und er will zurück in die Freiheit. Schnell schafft er sich auch in Autopol Verbündete ... ›Autopol‹ entstand als *novel in progress* im Internet, zusammen mit der ›aspekte‹-Online-Redaktion. Aus dem literarischen Experiment ist eine spannende Science-fiction-Story geworden, ein Buch mit neuen Dimensionen.